W0217789

RECRUTER AUJOURD'HUI

Pierre Bultel

RECRUTER AUJOURD'HUI

Comment séduire
les nouvelles générations ?

MARDAGA

B-1160 Bruxelles (Belgique)
www.editionsmardaga.com

Coordination éditoriale : Jeanne Labourel
Design de couverture : © Memory
Mise en pages : Carine Thurion

Dépôt légal : 2021/0024/28
ISBN papier : 9782804708832
ISBN numérique : 9782804708849

Achevé d'imprimer en France en décembre 2020 sur les presses
de Dupliprint à Domont (95).
N° d'impression : 2020121217.

SOMMAIRE

PRÉFACE

Si diriger une start-up, c'est comme piloter un avion, recruter les bonnes personnes, c'est bien choisir son équipage. Et quand vous ne savez pas forcément à quel moment vous allez atterrir, il est important d'être bien entouré !

Étant un entrepreneur et développeur web autodidacte, je me suis imprégné des évolutions majeures créées par le Web ces vingt dernières années. Même si technologiquement, la façon de communiquer et de se connecter entre humains a peu changé depuis la fin des années 1990, la réelle différence que je perçois au quotidien est l'appropriation de la technologie par le plus grand nombre, si bien que de nos jours, sortir son téléphone pour regarder l'heure devient presque un réflexe musculaire pour bon nombre de personnes.

Une appropriation d'usage et de consommation tout d'abord : pouvoir consulter des horaires de cinéma plus facilement, lire les dernières actualités et avoir son GPS dans la poche plutôt que vissé à la voiture. Puis cette appropriation s'est transformée en outil de création et de communication : partager sa vie avec ses proches, avec une communauté, avec ses clients.

La maîtrise de cet ensemble d'outils a créé de profondes mutations dans la société et dans l'approche que l'on a du travail. Tous les métiers de services peuvent bénéficier de ces outils ; et si leur forme actuelle ne le permet pas, soit le métier s'adaptera, soit de nouveaux outils seront inventés, car le Web sera indispensable et un prérequis à toute forme de travail.

En tant qu'autodidacte, le problème du recrutement est double : d'une part savoir quel est le bon profil techniquement, sans forcément avoir les bases ; d'autre part savoir quelle personne va pouvoir composer avec une équipe qui grandit organiquement (en fonction des opportunités, du feeling…) et non structurellement comme dans des entreprises de taille supérieure.

Le bon profil technique peut se trouver sur le papier, certes, mais de nos jours, tout le monde a un diplôme et la recrudescence des MOOC (cours en ligne dispensés également par des universités prestigieuses) ajoute un flou sur les qualifications réelles du candidat.

Le bon profil « humain » peut également se retrouver dans le CV. Comme toute personne en phase de recrutement, nous cherchons une personne dynamique, sportive, curieuse, qui vous écrira dans sa lettre de motivation qu'elle est autonome et force de proposition… mais quid de sa capacité réelle à s'intégrer avec vos équipes ?

Il est important de répondre à ces questions avant même de rencontrer votre premier candidat. Grâce à ses conseils, exemples et interviews, Pierre Bultel nous amène à réfléchir sur les éléments clés qui font la spécificité de votre entreprise que vous allez devoir vendre lors de vos entretiens.

Dans le cas des ressources humaines, il n'y a pas de manuel car tout est « manuel » et chaque situation est particulière. Pour autant, en suivant les nombreux conseils pratiques de cet ouvrage, de l'analyse du besoin à l'intégration, je suis sûr que vous finirez par détecter ce qu'il est difficile de décrire : l'étincelle de la passion dans les yeux de vos prochains collaborateurs !

Maxime Valette
Serial entrepreneur
Auteur de *En ligne*[1] et créateur du site « Vie de merde »
https://maximevalette.com

1. Robert Laffont, 2019.

CHAPITRE 1

POUR PLANTER LE DÉCOR

Faisons la connaissance de Claude et Dominique

En cette fin de printemps, à l'instar de la nature, tout redémarre ! Claude et Dominique sont heureux de se retrouver à la terrasse d'un café ensoleillé pour échanger sur leurs actualités respectives. Claude dirige une petite entreprise dans le secteur de l'industrie, tandis que Dominique vient d'en reprendre une dans le secteur des services.

Parmi les sujets du moment: le recrutement. Claude recherche de nombreux profils: commerciaux, community managers, techniciens de bureau d'étude et monteurs.

Interrogé sur l'état d'avancement de ses recherches par Dominique, Claude fulmine: « C'est à n'y rien comprendre, avec tout le chômage qu'il y a, non seulement il n'y a pas de candidat opérationnel, mais les rares qui se présentent font les difficiles. Il faudra bientôt que je leur fasse la promotion de ma boîte. Tu ne sais pas le plus fort? L'un d'eux m'a demandé: "Quel argument pouvez-vous me donner pour que je vous choisisse vous plutôt qu'un autre?" C'est vraiment le monde à l'envers! »

Dominique ne peut s'empêcher d'éclater de rire. « Écoute, je fais partie d'un club de dirigeants d'entreprise, l'APM[2]. C'était justement le thème de notre dernière rencontre. L'expert, Pierre Bultel, nous a bien fait comprendre que nous étions entrés dans une nouvelle ère et comme nous sommes encore dans la période de mutation, ce change-

2. Association pour le Progrès du Management: www.apm.fr

ment interpelle autant qu'il désarçonne. Je vais te dire ce que j'ai retenu de tout cela…»

C'est déjà demain

Pour être efficaces dans les recrutements, nous devons prendre en compte trois éléments clés : la pénurie des talents, l'accélération de la digitalisation et un profond changement de rapport au travail.

La pénurie des talents ne touche pas seulement la France et les pays d'Europe : elle est mondiale. Chaque année, le groupe Manpower réalise une étude sur la pénurie des talents. L'une des dernières[3] porte sur 40 000 employeurs dans 43 pays. 45 % des employeurs disent avoir des difficultés à trouver les profils qui leur font défaut. Si l'on observe les choses sur les dix dernières années, la tendance est plutôt à un accroissement de cette difficulté.

La digitalisation a également un impact sur le recrutement et ce, à deux niveaux. Tous les métiers sont concernés par la digitalisation, donc les personnes immédiatement opérationnelles sur ces nouvelles technologies sont encore peu nombreuses et, de fait, très sollicitées. La digitalisation révolutionne également les usages et il n'est plus possible de recruter aujourd'hui avec les mêmes méthodes, outils et réflexes que ceux que nous avions jusqu'à présent.

Enfin, il n'aura échappé à personne que le rapport au travail a profondément changé. Il faut dire que cela fait de nombreuses années que la promotion de la société des loisirs a démarré ! Même s'il y a évidemment beaucoup de « *happiness-washing*[4] », personne ne peut nier une tendance de fond qui fait que chacun de nous aspire à un meilleur équilibre entre vie professionnelle et vie personnelle.

---

3. https://www.manpowergroup.fr/penurie-talents-recrutement-2018
4. Le *happiness-washing* est à la qualité de vie au travail ce que le *greenwashing* est à l'écologie.

Concrètement, cela veut dire que si nos organisations ne sont pas désirables, elles ne seront pas désirées.

Le recruteur 5.0

Ce nouveau contexte implique de profonds changements pour le recruteur, qu'il soit prestataire de services ou salarié d'une organisation.

Le changement le plus important concerne la posture intellectuelle. Dans la très grande majorité des cas, le recruteur n'est plus le sélectionneur dont la question principale est de savoir comment passer de dix à quinze candidats à une personne qu'il va embaucher. Le raisonnement n'est plus à l'élimination, mais à la construction : sur quels atouts vais-je m'appuyer pour construire ?

Le recruteur doit aussi être le « poil à gratter » interne de l'entreprise. Il a vocation à poser les questions qui dérangent : et si nous en profitions pour repenser l'emploi ? À quelles conditions ce que vous considérez comme un critère de sélection impératif deviendrait-il secondaire ? Qu'est-ce qui te fait penser que le job que tu proposes est attractif ?

Cette deuxième dimension s'accompagne de facto d'une troisième : plus que jamais, le recruteur doit accompagner tous les managers, de l'équipe de direction aux managers de proximité, pour leur permettre de changer de regard sur le processus de recrutement, afin qu'ils soient acteurs du processus et pas simplement clients.

Le recruteur devient également un animateur de communautés. Il y a celle des managers, nous venons de l'évoquer, mais aussi celle, plus large, de tous les collaborateurs qui deviennent des ambassadeurs de l'organisation. À l'instar de ce qui se passe dans le marketing, nous pouvons observer de la méfiance (quand ce n'est pas de la défiance) vis-à-vis du discours institutionnel. Le consommateur ne croit plus la marque, mais ses homologues clients. De la même manière, ce sont les salariés qui sont les meilleurs promoteurs d'une organisation, et plus forcément leurs dirigeants.

Cinquième dimension – d'où l'expression « recruteur 5.0 » –, la maîtrise du digital. Comme toutes les activités, le recrutement se digitalise, ce qui bouleverse d'ailleurs le marché traditionnel du recrutement. Là comme ailleurs, nous assistons à l'ubérisation du recrutement. L'exemple le plus emblématique est le développement de sites tels Myjob.company qui propose à tout un chacun de coopter des candidats contre rémunération. Ainsi, le recruteur 5.0 doit-il être parfaitement à l'aise avec le digital pour faire une veille sur les nouveaux outils, mais aussi pour accompagner leur déploiement au sein des organisations.

CHAPITRE 2

RAISONNONS BESOIN PLUTÔT QUE SOLUTION

La nuit a porté conseil…

Dominique consulte l'écran de son smartphone et sourit en voyant qu'il s'agit d'un appel de Claude. Il était certain que leur discussion de la veille avait fait son chemin.

« Salut Claude, je suis sûr que tu fais suite à notre échange d'hier !

– En effet, ce que tu m'as dit m'a travaillé toute la nuit. J'ai regardé le site internet de la boîte et me suis rendu compte que nous ne faisions même pas référence à nos recrutements. Tu as sans doute raison. Il faut peut-être que nous repensions notre processus. Tu as une idée de comment commencer ?

– Si j'en reviens aux propos de notre expert, tout commence par l'approche de nos besoins de recrutement… »

Définir et compléter le besoin

Faisons une analogie. Nous avons l'habitude de dire que nous avons besoin d'une voiture. En fait, nous avons besoin de nous déplacer et la voiture constitue l'une des solutions possibles pour répondre à ce besoin. C'est le même principe en matière de recrutement. Plutôt que de dire que nous avons besoin d'un diplômé de telle école avec x années d'expérience, commençons par redéfinir notre besoin.

La proposition ici est de faire un effort de synthèse et de présenter les choses sous la forme d'un tableau reprenant les activités, regroupées autour d'objectifs permanents, eux-mêmes rattachés à de grands domaines de responsabilité.

Jusque-là, c'est ce que nous retrouvons de manière classique dans les descriptifs d'emploi. Nous ajouterons deux éléments qui y figurent rarement:

- Le niveau de priorité de chacun des domaines de responsabilité. Ce sera d'abord utile pour le recruteur afin qu'il sache sur quels critères faire ou non des compromis, puis pour le titulaire de l'emploi afin qu'il gère ses priorités et/ou les réinterroge régulièrement.
- Le poids de chacune de ces activités, en pourcentage. Prenons l'exemple d'un commercial qui aurait deux grands domaines de responsabilité: la gestion de son portefeuille et la conquête de nouveaux clients. Quelle doit être la part de l'une et l'autre? Il n'y a évidemment pas de réponse idéale mais si la prospection représente 80 % du temps, nous nous mettrons en quête d'un commercial « chasseur ». Si c'est la gestion du portefeuille qui représente 80 % du temps, nous nous mettrons en quête d'un commercial « éleveur ».

Ce travail descriptif effectué, nous nous pencherons sur les trois dimensions suivantes:

- La complexité. Qu'est-ce qui fait la complexité de cet emploi? Par expérience, je me rends compte que le fait de se poser cette question permet, dans bien des cas, de démystifier cette fameuse complexité (ce qui rend l'emploi plus accessible) et, parfois de la qualifier de manière utile. Par exemple, plutôt que la notion de polyvalence, la complexité peut être la capacité à passer rapidement d'une activité à une autre sans avoir le sentiment d'être dérangé. Cela peut être la capacité à produire un effort dans la durée, sans récompense immédiate par le résultat (pour les vendeurs de produits ou services dont le cycle de vente est long). Cela peut être encore la capacité à faire travailler ensemble des équipes multiculturelles, etc.

- L'impact de la digitalisation sur l'emploi, avéré ou projeté. Dans certains cas, cette « simple » question conduira à changer radicalement ses axes de recherche et de sélection : et si, plutôt que de chercher un hyper-spécialiste d'une technologie en perte de vitesse, nous cherchions plutôt une personne ayant largement démontré, par de nombreux changements d'emploi, une capacité à apprendre et à s'adapter rapidement ? Ce serait la revanche de « l'instable », désormais perçu comme la référence en matière d'adaptation…
- L'ADN de l'entreprise : quel est le point commun de ceux qui réussissent dans l'organisation ? En apparence simple, cette question conduit à une profonde réflexion sur les valeurs de l'entreprise, au-delà de la simple reprise de celles qui sont le cas échéant affichées sur son site web. Il s'agit d'analyser comment elles se matérialisent, concrètement, dans les différents emplois de l'organisation et ce, quels que soient les niveaux hiérarchiques et les fonctions. Dans les très grandes organisations, il pourra être plus pertinent d'avoir un raisonnement département par département. Cette troisième question nous renseignera directement sur les « savoir-être » qu'il convient de rechercher.

J'avoue ne pas aimer cette expression de « savoir-être » qui laisserait penser que certains ne savent pas être… N'est-ce pas absurde ? La traduction française des *soft skills* – compétences molles par opposition aux compétences techniques – n'est guère satisfaisante. Certains parlent d'appétence ou encore de vocation, ce qui me semble encore un peu différent. Je parlerai plus volontiers de valeurs individuelles, celles qui déterminent nos comportements quotidiens. C'est la curiosité d'esprit qui nous pousse à lire des choses très différentes ; c'est la solidarité qui nous conduit à proposer spontanément notre aide à notre collègue de travail, c'est l'esprit de compétition qui fait que nous repoussons sans cesse les limites. La question n'est pas de savoir ce qui est bien ou mal, mais plutôt ce qui est adapté au contexte et conforme avec la réalité de l'entreprise, qu'elle soit dans le secteur marchand ou non.

Les critères de sélection qui en découlent

L'intérêt de ce questionnement est de déduire des réponses apportées les critères de sélection impératifs qui en découlent... de manière à les élargir ! Prenons deux ou trois exemples en guise d'illustration.

- Dans le domaine du commerce à l'export, nous pourrions être tentés de rechercher un spécialiste de notre produit et/ou technologie. La question de la complexité fera peut-être apparaître que, finalement, la véritable complexité est la parfaite maîtrise de plusieurs langues – pour se faire accepter et comprendre les marchés locaux – et la capacité à gérer des décalages horaires incessants plutôt que les mécanismes du commerce international. Cela permet d'ouvrir nos recherches à des étudiants issus de filière LEA[5], par exemple.
- Dans le domaine de l'industrie, la complexité pour un soudeur est probablement le fait de posséder une réelle intelligence spatiale plutôt que de maîtriser le DMOS[6] qui, lui, peut s'apprendre. Bien sûr, il est plus facile de recruter directement un soudeur maîtrisant le DMOS lié à sa spécialité mais, plutôt que de déplorer le manque de personnes qualifiées dans ce domaine, il peut être opportun de former quelqu'un qui dispose d'une intelligence spatiale avérée : un sculpteur amateur ou encore un... coiffeur. Je prends cet exemple, car je dispose

5. Langues étrangères appliquées.
6. Descriptif du mode opératoire de soudage.

d'un retour d'expérience très positif d'un coiffeur, allergique aux produits capillaires, qui s'est reconverti à la soudure, avec l'appui financier d'aides publiques.

Je peux comprendre que vous ayez du mal à faire immédiatement ce qui pourrait s'apparenter à un grand écart. C'est la raison pour laquelle je vous propose une étape intermédiaire en vous posant les deux questions suivantes :

- En quoi ce critère de sélection est-il impératif ?
- À quelles conditions pourrions-nous le contourner et/ou le compenser ?

Il y a bien entendu des cas où la réponse est évidente, notamment pour les professions réglementées. En revanche, dans d'autres situations, ce raisonnement peut conduire à former des tuteurs en interne pour qu'ils forment à leur tour des collègues motivés. Cela peut également être l'opportunité de modifier l'organisation, d'organiser une mobilité interne et de recruter à l'extérieur sur un emploi moins spécialisé, etc.

Ce raisonnement peut donc nous conduire à recruter des profils différents et à transformer un emploi qui ne trouve pas preneur en job de rêve pour qui intègre une nouvelle filière professionnelle. De nombreux retours d'expérience montrent à quel point cela permet de disposer de collaborateurs motivés et impliqués.

C'est ici l'occasion de dire que, dans le contexte décrit, plus que jamais, le recrutement est par définition un compromis entre un profil objectivement idéal et ce que le marché peut offrir comme candidat à l'instant *t*. Il est important de distinguer le compromis du choix par défaut. Le choix par défaut est source de frustrations… et souvent de désillusions, donc à proscrire.

Le compromis est positif, car il résulte d'un raisonnement constructif qui consiste à se questionner sur les raisons qui poussent à accepter ce compromis : le critère n'était finalement pas impératif car la technicité de l'emploi peut s'apprendre et nous sommes prêts à consacrer du temps. Le coût de formation est peut-être moins élevé que le coût d'un non-recrutement...

Dans l'exemple pris, le compromis porte sur un critère technique. Je pense en effet qu'il est toujours possible d'apprendre, dès lors que l'on est motivé pour cela. Il est en revanche plus difficile de faire évoluer les valeurs et/ou les éléments de personnalité lorsqu'ils sont trop éloignés de ceux de l'entreprise.

Une nouvelle fois, cette réflexion sur le besoin sera d'autant plus puissante qu'elle sera faite avec l'ensemble des acteurs concernés par le recrutement, bien au-delà du seul spécialiste RH : le dirigeant en premier chef, car c'est lui qui inspire la politique de recrutement de son entreprise, mais également les spécialistes RH qui en assurent l'ingénierie et, bien entendu, le manager direct voire, pourquoi pas, les futurs collègues de celui ou celle que nous voulons embaucher.

Pour conclure, cette première étape constitue la préparation du recrutement et, comme le dit la formule : qui faillit à sa préparation prépare sa faillite ! Alors, au boulot, avant que nous nous mettions en quête de nos candidats !

Les outils

L'objectif est que cet ouvrage vous soit utile, très concrètement, pour accompagner vos recrutements. C'est la raison pour laquelle vous trouverez, à la fin de chaque chapitre, quelques outils vous permettant de passer à l'action. Commençons par la fiche emploi illustrée par l'exemple d'un commercial.

La fiche emploi

Voici, à titre d'exemple, ce que pourrait être la fiche emploi d'un commercial itinérant.

LA FICHE EMPLOI

Intitulé de l'emploi : COMMERCIAL ITINERANT
Dépendance Hiérarchique : DIRECTEUR COMMERCIAL
Date de création du poste : janvier 2015
Date de mise à jour du descriptif : mars 2020 – v3

Niveau de priorité	Domaines de respon-sabilités	Finalités	Activités associées	Liaisons fonctionnelles	Part des tâches en %
1	Commercial	Développer et fidéliser la clientèle	- Visites terrain. (obj : 2 j / semaine) - E-visites. - Planification opéra-tion télévente.	- Directeur ccial - Pôle télévente - Sce sav	70 %
2		Conquérir de nouveaux clients	- Devis (obj : 1 / semaine) - Utilisation des réseaux sociaux. - Suivi campagnes emailing. - Participation salons professionnels (1/an)	- Directeur ccial - Sce marketing	20 %
2	Marketing	Participer à l'évolution de la gamme	- Enquête satisfac-tion clients. - Analyse des réclamations	- Sce marketing	5 %
3	Finances	Maitriser le risque client.	- Collecte données ouverture de comptes. - Suivi des encours facturation. - Relance des impayés (niveau 1)	- Sce comptable	5 %

NB : ce document n'a qu'une valeur indicative. Il peut donc en ce sens être modifié à tout moment sur décision du supérieur hiérarchique et/ou sur proposition de son titulaire. Il a vocation a être passé en revue, a minima une fois par ans, à l'occasion de l'entretien de développement professionnel.

Ce second exemple est intéressant car grâce à la démarche, l'entreprise cliente – une PME de 30 personnes – a renommé l'emploi spontanément intitulé « assistante de direction »…

LA FICHE EMPLOI

Intitulé du poste : Assistante COMMERCIALE & ADMINISTRATIVE
Dépendance Hiérarchique : DG
Date de création du poste : Avril 2019
Date de mise à jour du descriptif :

Niveau de priorité	Domaines de responsabilités	Objectifs permanents	Tâches associées	Liaisons fonctionnelles	Part des tâches en %
1	Commercial	Assurer un accueil client de qualité.	- Réponse au téléphone. - Accueil physique des visiteurs. - Tenue du showroom. - Prises de commande. - Réalisation des devis.	Commercial Clients	50 %
2	Administratif	Assurer le secrétariat général de l'entreprise. Assurer le secrétariat de direction.	- Montage des dossiers de subvention. - Gestion des intérimaires (3 en moyenne) - Relation avec les concessionnaires. - Recherche et gestion des fournisseurs. - Suivi des dossiers propriété intellectuelle. - Contribution aux projets de direction : création de société, recherche de locaux, travaux de réhabilitation… NB : la gestion de l'agenda est assurée par AN	DG. Tous collab Tiers	30 %

Niveau de priorité	Domaines de respon-sabilités	Objectifs permanents	Tâches associées	Liaisons fonction-nelles	Part des tâches en %
3	Comptabilité	Assurer la saisie des données comptables.	- Saisie comptable (mensuellement : 40 fact. achat et 20/40 fact. clients) - Rapprochement bancaire. - Tableaux de bord NB : la paie est assurée par le comptable	DG Expert Cptable Banque	20 %

NB : ce document n'a qu'une valeur indicative. Il peut donc en ce sens être modifié à tout moment sur décision du supérieur hiérarchique et/ou sur proposition de son titulaire. Il a vocation a être passé en revue, a minima une fois par ans, à l'occasion de l'entretien de développement professionnel.

Quand on considère le descriptif, cet intitulé n'est pas approprié et a donc été remplacé par « assistante commerciale et administrative ».

C'est l'occasion de noter l'importance de l'appellation de l'emploi afin qu'il soit attractif, mais aussi et surtout qu'il corresponde à la réalité de l'entreprise. À défaut et à supposer que nous recevions des candidats, il est vraisemblable qu'ils ne maintiennent pas leur candidature après avoir découvert la réalité du poste.

Comme vous m'êtes sympathique, vous pourrez même gagner du temps en téléchargeant le fichier modèle, au sens Word du thème, grâce à ce QR-code…

Si vous disposez des dernières versions de smartphone, le lecteur est intégré à votre appareil photo, il suffit donc de « viser » le QR-code ci-contre. À défaut, vous pouvez en télécharger un gratuitement en cherchant sur le Playstore ou l'Appstore[7].

7. Vous pouvez aussi le faire « à l'ancienne » via cette adresse : https://www.pbrh.fr/ressources/telechargements.html/?download=29 :fiche-emploi.docx

Check-list : le besoin est-il bien défini ?

Comme vous êtes le pilote du processus de recrutement, il est légitime que vous disposiez d'une check-list qui vous permette de vérifier, à chaque étape, que vous pouvez passer à la suivante.

Ce faisant, je vous livre une méthode que j'utilise depuis des années, pour différents sujets, avec mes clients. L'avantage est que l'outil créé est autoporteur : chaque fois que vous répondez « oui » pour un critère, vous avez un atout (et le « chaud doudou » qui l'accompagne !), chaque fois que vous répondez « non », vous savez sur quoi agir pour progresser. La puissance de l'outil est donc directement proportionnelle à la sincérité de vos réponses. Et si vous le faisiez avec les autres personnes concernées par le recrutement ?

	Plutôt	
	Oui	Non
La méthode…		
La fiche emploi a été créée/révisée à l'occasion du recrutement.	☐	☐
Le travail sur la fiche s'est fait avec le manager direct.	☐	☐
Les éventuels titulaires de l'emploi ont été associés au travail.	☐	☐
Les collègues immédiats (équipe/service) ont été associés à la réflexion.	☐	☐
La pertinence d'une évolution de l'emploi a été considérée.	☐	☐
Le contenu…		
Les activités décrites sont rassemblées dans un ensemble homogène.	☐	☐
La rédaction des finalités débute par un verbe d'action.	☐	☐
Les niveaux de priorité associés sont indiqués.	☐	☐
La part de chaque finalité, a minima, est exprimée en pourcentage.	☐	☐
Les parties prenantes de l'emploi sont identifiées.	☐	☐
La prise de recul…		
Les points de complexité de l'emploi sont identifiés et rédigés.	☐	☐
L'impact de la digitalisation, avérée ou à venir, est intégré.	☐	☐
Les critères de réussite dans l'emploi sont formalisés.	☐	☐
Les contraintes liées à l'emploi (déplacement, pénibilité…) sont explicitées.	☐	☐
Les attraits de l'emploi sont issus du témoignage des titulaires.	☐	☐
Le cahier des charges qui en découle…		
Le caractère impératif des critères est avéré.	☐	☐
Le nombre de critères impératifs ne dépasse pas trois.	☐	☐
Les « plus » souhaités sont distincts des critères impératifs.	☐	☐
L'intérêt que le candidat « idéal » ainsi décrit aurait à nous rejoindre est analysé.	☐	☐
La question des profils inattendus mais envisageables est posée.	☐	☐
La stratégie de recherche associée…		
La pertinence d'une opération de mobilité interne est questionnée.	☐	☐
L'intérêt de s'appuyer sur des prestataires (intérim, recrutement) est analysé.	☐	☐
Le recours à des solutions alternatives (alternance, stages) est envisagé.	☐	☐
La liste des personnes/organismes à qui diffuser l'offre est établie.	☐	☐
Les différents canaux de diffusion de l'offre sont identifiés.	☐	☐

CHAPITRE 3

MAIS OÙ SONT DONC LES CANDIDATS ?

La vérité sort de la bouche des enfants…

Maxence a rendez-vous pour déjeuner avec son père. Celui-ci est déjà arrivé au restaurant et semble très concentré sur sa tablette…

« Salut P'pa, t'es déjà là ?

– Oui, j'avais besoin de sortir du bureau pour me concentrer…

– Ah, bon, mais tu bosses sur quoi ?

– Une annonce pour un des recrutements que j'ai à faire.

– Fais voir… »

Claude détecte immédiatement à l'expression de Maxence que quelque chose cloche. Confirmation immédiate par la question qui suit :

« Et tu comptes choper qui avec ça ?

– Tu connais Welcome to the Jungle ? »

Au fond, quel est le sujet ?

La diffusion d'une offre d'emploi peut renvoyer à quatre types de difficultés différentes.

Le manque de compétences

Cela implique au moins deux choses :

- la première, sur la forme, est d'avoir un rédactionnel qui fasse vraiment envie… puisque la concurrence est rude ;
- la seconde est le mode de diffusion qui doit nous permettre de pousser l'offre vers les profils potentiellement concernés.

C'est ce qu'ont bien compris des sites comme Seeqle dont l'offre permet de combiner des caractéristiques professionnelles avec des affinités sociales pour pousser les offres auprès de la cible potentielle. C'est le même principe que les annonces d'hôtel qui apparaissent dès lors que nous avons fait une recherche de billet de train ou d'avion vers telle ou telle destination.

Un déficit de notoriété de l'entreprise

C'est l'un des enjeux de la marque employeur dont la première vocation est d'attirer des candidats et des candidatures spontanées, la seconde étant de donner envie aux salariés de rester en donnant le meilleur d'eux-mêmes et en devenant, à leur tour, des ambassadeurs de la marque. Dans ce cas, en complément de l'offre proprement dite, il conviendra de réfléchir aux messages que l'organisation veut faire passer, de faire le choix des supports et des canaux de diffusion appropriés. En fonction du contexte, les solutions sont multiples : cela va de la présence auprès des centres de formation au sens large jusqu'au développement d'un site carrières sur son site web en passant par l'organisation de journées portes ouvertes, la participation à des *jobs dating*, du mécénat de compétences, l'animation de chaînes YouTube…

Un métier peu connu et/ou dévalorisé

C'est le cas, notamment et malheureusement, de nombre de métiers manuels qui ont été dévalorisés ou sur lesquels les entreprises labellisées « Entreprises du patrimoine vivant » ont tant de mal à communiquer. Dans ce cas, on pourra par exemple faire des vidéos de présentation du métier. Plusieurs angles sont possibles : faire témoigner un titulaire de l'emploi avec un objectif de découverte, par exemple, montrer l'accessibilité aux femmes d'un métier que l'on imagine réservé aux hommes. Dans ce cas, l'authenticité de la vidéo est bien entendu indispensable.

Une région peu attractive

Dans ce cas, la solution ne peut-être que collective à travers des groupements d'employeurs. Nous pouvons citer ici l'exemple de la région Normandie et de son groupement d'employeur Progressis, éditeur du site www.travailler-en-normandie.fr. Si je cite ici l'exemple de la Normandie, c'est bien entendu pour valoriser sa démarche, non pour me montrer discourtois à l'endroit des Normands !

L'offre de poste

Zoomons maintenant sur l'offre de poste et abordons trois conseils pratiques :

- Interpeller le candidat, tout en se mettant à sa place. De ce point de vue, lorsque des offres commencent par le descriptif de l'entreprise (alors que l'on est sur son site web !), nous pouvons facilement en déduire que son rédacteur vous parle d'un temps où l'on passait les offres dans la presse et où, c'est vrai, la première chose dont nous parlions était l'entreprise qui recrute. Aujourd'hui, les codes ont changé, il convient de commencer par parler au cœur du candidat, soit en commençant par lui poser une question, soit avec un titre du type «vous êtes…», soit encore en le tutoyant, comme s'il faisait déjà partie de l'entreprise. Vous trouverez, à la fin de ce chapitre, une check-list pour valider une offre avant sa diffusion.

- Se démarquer. C'est une question que je pose systématiquement aux personnes qui ont répondu à des offres que j'ai rédigées: qu'est-ce qui vous a attiré dans l'offre? La réponse la plus fréquente est: «J'ai perçu un style différent»… Il est bien entendu possible de se démarquer en faisant preuve d'humour: c'est la mention (on peut toujours rêver) suivante: «vous avez des compétences Python[8]», ou encore en renversant complètement les codes. C'est le cas du groupe Demeco, qui publie une offre débutant par: «nous postulons pour être votre futur employeur». La distinction ultime étant de faire des offres vidéo dont l'impact, en moins de deux minutes, sera bien plus fort qu'un visuel statique.
- Tester son annonce auprès de la cible potentielle. C'est ce qu'a vécu Claude avec Maxence au début de ce chapitre. Si vos collaborateurs sont moins impertinents que Maxence, vous comprendrez ce qu'ils pensent en voyant avec la tête qu'ils feront en découvrant l'offre. Il est donc essentiel de faire le test en direct et non par mail, vous l'aurez compris. Là encore, rien ne vous interdit (donc tout vous autorise) d'associer les titulaires de l'emploi à la rédaction de l'offre – ou à sa scénarisation vidéo – pour savoir ce qu'ils jugent utiles de mettre en avant. Les bonnes surprises sont plus que probables!

8. Langage de programmation informatique.

Diffuser son offre

Une enquête réalisée tout début 2020 par Météo Job en partenariat avec LCI a questionné près de 2 000 candidats sur leurs modes de recherche d'emploi : 85 % d'entre eux utiliseraient les sites d'offres d'emploi, 50 % postuleraient directement via les sites web des entreprises, 49 % auprès des cabinets de recrutement et 36 % via les réseaux sociaux.

Les sites de diffusion ou *job-boards*

Même si les résultats sont sans doute biaisés par la nature même de l'échantillon (des personnes inscrites sur un site d'emploi), recourir aux sites de diffusion constitue sans doute le premier réflexe à avoir. Il serait aussi fastidieux qu'inutile de tenter d'en dresser une liste ici, car elle serait probablement obsolète au moment de l'édition de ce livre. Le bon réflexe est alors de taper dans votre moteur de recherche préféré (Qwant si nous voulons la jouer européen) les meilleurs *job-boards*. Nous obtenons instantanément la liste de ceux qui sont les mieux référencés et/ou des comparatifs de *job-boards* avec des indications importantes sur leurs audiences : les jeunes diplômés, les métiers du commerce, les « dev[9] », les métiers de la santé…

Lorsqu'on a un volume important de recrutements à réaliser, il est utile de s'équiper d'une suite logicielle permettant à la fois de diffuser ses offres auprès de plusieurs annonceurs puis de gérer les candidatures ainsi générées. C'est ce qu'on appelle des « outils d'acquisition de talents ». Citons notamment Careers, SmartRecruiters, Werecruit, qui permettent de surcroît de créer un espace carrière sur votre site, par ajout d'un sous-domaine, en toute transparence pour l'internaute…

Pour la France, citons l'Apec qui, pour la diffusion des offres, propose de les répercuter auprès des associations d'anciens élèves, une autre source de candidatures à cultiver.

9. Ceux que notre génération appelait les informaticiens…

Vous l'aurez compris, la solution idéale est celle qui correspond au type de recrutement que vous avez à faire. Une bonne pratique consiste à établir une cartographie des sites à utiliser pour les différents postes que vous avez à pourvoir… et à l'actualiser régulièrement car les choses bougent très vite dans ce domaine.

Le site web de l'entreprise

Le site web reste un outil fondamental de votre dispositif de recrutement car, même s'il ne dispose pas d'espace emploi – quel qu'en soit le nom –, il y a fort à parier que les candidats potentiels iront le visiter avant de faire acte de candidature. Une récente enquête indique de 85 % des candidats « googlelisent » les entreprises avant de postuler et que près de 50 % d'entre eux renoncent après avoir visité le site.

Ce sujet pourrait constituer à lui seul l'objet d'un ouvrage, mais puisque vous m'avez en main, si j'ose dire, voici quelques principes à avoir en tête.

> Donner envie

Cela semble basique, pour autant je formule l'hypothèse que bien que les rubriques emploi soient de plus en plus nombreuses, la qualité n'est pas toujours au rendez-vous. Je m'appuie, pour faire ce constat, sur le travail de préparation que je réalise avant les rencontres APM et Germe[10] qui m'a conduit à visiter environ 2 000 sites. Pourtant, les entreprises adhérentes de ces mouvements ont souvent déjà une longueur d'avance (c'est d'ailleurs le slogan de Germe) !

Bien entendu, la notion de « donner envie » est très relative, mais certains points sont assez largement partagés :

10. Groupes d'entraînement et de réflexion au management des entreprises, association créée par l'APM pour les dirigeants de TPE et/ou des membres des comités de direction (www.germe.com).

avoir des illustrations dès les menus, privilégier la vidéo avec des formats courts (une à deux minutes maximum), avoir des photos avec des visages souriants, privilégier des photos de l'entreprise plutôt que celles, le plus souvent impersonnelles, des banques d'images, mettre un message sympathique pour qui arrive sur la page emploi, inciter à partager les offres...

> Simplifier l'expérience candidat

Si l'idée de simplifier et de magnifier l'expérience client ne fait plus débat, les mêmes concepts doivent désormais s'appliquer à l'expérience candidat – pour les capter – puis à l'expérience collaborateur – pour les conserver. En février 2020, le site EASYRECRUE a consacré un webinar[11] à une enquête sur l'expérience candidat sur les sites carrières des entreprises européennes. Les résultats sont édifiants : 65 % d'entre eux déclarent avoir eu une expérience négative et 30 % déclarent avoir renoncé, trouvant le processus trop lent et fastidieux. Je ne sais pas si c'est exclusivement le propre de la génération Y, voire Z, mais c'est assurément une tendance de fond pour la nouvelle génération de candidats. Est-il d'ailleurs judicieux de les appeler encore « candidats » ?

Concrètement, simplifier l'expérience candidat consiste à réduire le nombre de clics entre la page d'accueil et le formulaire pour postuler. Nous commençons à observer ce qui sans doute deviendra la norme demain : la possibilité de postuler via son profil LinkedIn. Il suffit pour cela de cliquer sur un seul bouton. La promesse est d'avoir ainsi directement accès aux offres qui vous concernent ! Au passage, l'entreprise se constitue un fichier de candidats potentiels, caractérisés, auprès desquels elle pourra organiser des campagnes de communication. Plus fort encore, la possibilité

11. https://www.easyrecrue.com/fr/blog/sites-carrières-grands-groupe-europeens

de télécharger son CV – en un clic toujours – pour connaître les offres qui vous concernent et postuler. Pour avoir tenté l'expérience sur le site de Keolis[12], je dois dire que l'expérience est assez bluffante…

C'est également la possibilité d'utiliser un *chat bot* dédié à l'emploi…

Ce type d'expérience ringardise immédiatement les espaces de recrutement où il faut adresser son CV par mail à recrutement@monsite.com, adresse que l'on ne trouve que si l'on a préalablement ouvert un fichier PDF présentant le descriptif du poste à pourvoir. Si, si, j'en trouve encore régulièrement…

Pour autant, il est possible de simplifier l'expérience candidat sans recours à la technologie. C'est l'exemple de cette entreprise de BTP qui, cherchant des maçons, communique en disant : « Vous n'avez pas de CV ? Ce n'est pas grave, laissez votre numéro de téléphone, on vous rappelle ! » Ainsi, sans négliger l'impact de la technique, c'est bien avant tout une question d'état d'esprit.

Un conseil, une nouvelle fois, est d'observer un internaute appartenant à votre cible en train de surfer sur votre site web.

Être présent sur les réseaux sociaux

À égalité avec les sites web dans l'enquête de EASYRECRUE précitée, la présence sur les réseaux sociaux est également indispensable pour diffuser ses offres d'emploi.

Nous penserons évidemment immédiatement à LinkedIn, qui offre la possibilité de mettre en avant des offres correspondant au profil de l'internaute. Ayons à cœur d'utiliser toutes les possibilités qu'offre LinkedIn, et notamment, celle de créer des alertes emplois sur la page d'une entreprise.

---

12. https://careers.keolis.com/

Veillons également à la cohérence : je croise souvent des entreprises qui recrutent, alors que leur page LinkedIn indique qu'il n'y a pas d'offre à pourvoir à l'heure actuelle.

Pensons également à Facebook. Même des entreprises centenaires s'y trouvent. Je pense notamment à Michelin, dont la page possède près de 400 000 abonnés au moment où je rédige cet ouvrage. Cela permet non seulement de diffuser ses offres d'emploi auprès de la communauté, mais également d'organiser des Facebook Live de l'emploi.

Ajoutons à cela YouTube et la possibilité de créer une chaîne dans laquelle l'entreprise pourra présenter des vidéos sur son savoir-faire, des témoignages collaborateurs, la découverte de métiers, des offres d'emploi…

Pour les jeunes générations, « Insta[13] » pourra être un bon vecteur, notamment lorsque son offre de poste est très visuelle. Je pense à l'entreprise Solu-Watt qui avait publié une offre de poste pour un câbleur sous la forme d'un organigramme.

Quels que soient les réseaux choisis, veillons à mettre en place une véritable stratégie de communication avec une ligne éditoriale, une charte des bonnes pratiques, une stratégie de partage par les collaborateurs de l'entreprise.

Les collaborateurs ambassadeurs

À ce stade, vous avez sans doute bien compris que l'une des clés était d'appliquer à la diffusion des offres d'emploi les techniques du marketing viral. Les collaborateurs sont donc les premiers agents du dispositif.

Certaines entreprises l'ont bien compris et sont allées bien au-delà du principe de la cooptation en mettant en place de véritables programmes ambassadeurs.

Le principe repose sur l'idée, déjà évoquée plus tôt, selon laquelle le témoignage d'un collaborateur a potentiellement

13. Instagram, pour toi dont les tempes blanchissent…

plus d'impact que celui du dirigeant, du DRH, voire du responsable recrutement, ces deux derniers étant notamment rémunérés pour communiquer sur l'attrait de leur employeur.

Le collaborateur qui accepte d'être ambassadeur n'est pas rémunéré pour cela. Il sait simplement combien le recrutement est important pour le développement de son entreprise – et donc pour lui par ricochet – et tire avantage de la démarche : sortir de son quotidien, élargir son réseau professionnel, apprendre de cette expérience.

Je pense notamment à l'un de mes clients, le groupe Eiffage et à sa branche Construction. Au cours de la journée de lancement officiel du programme ambassadeurs de la branche, la presque centaine de participants a pu apprendre comment rédiger un post, comment rendre son profil efficace, quelles étaient les astuces pour que ses publications aient la plus forte audience, et quelques astuces en matière de prise de parole en public que j'ai eu le plaisir de présenter.

Dans cet exemple, il est intéressant de noter les possibilités offertes en fonction des appétences de chacun : la présence sur les forums emplois des écoles, particulièrement pour les jeunes diplômés qui maîtrisent évidemment bien les codes de leurs pairs. D'autres, plus *geek*, se sont spécialisés sur la présence sur les réseaux sociaux. D'autres enfin, plus expérimentés, sont dédiés à la participation à des forums et tables rondes « métiers ».

Il est possible de compléter ce dispositif en proposant la possibilité, via son site emploi de solliciter et de « tchatter » avec les collaborateurs ambassadeurs. C'est notamment ce que propose le groupe KPMG[14] via son réseau des ASK (ambassadeurs spéciaux de KPMG).

Une autre façon d'œuvrer est d'aller porter, dans les écoles, une image positive de l'entreprise via une associa-

14. https://kpmg-fr.career-inspiration.com/app/home

tion du type 100 000 entrepreneurs[15]. Le principe est d'aller parler devant une classe (de la troisième à post-bac) du plaisir d'entreprendre et de répandre l'idée que chacun peut le faire, à son niveau, dès lors qu'il a choisi de prendre son destin en main. À défaut de recruter directement les élèves – encore que –, les plus enthousiastes en parleront forcément à leurs parents, et ainsi de suite.

Citons enfin le principe du mécénat de compétences qui permet aux entreprises, quelle que soit leur taille, de proposer à leurs collaborateurs de mettre leurs compétences au service d'une association, tout en conservant le bénéfice de leur rémunération. Si les plus grandes entreprises sont généralement équipées pour mobiliser ces dispositifs, les plus petites pourront passer par des intermédiaires qui assurent l'ingénierie de l'opération. C'est le cas par exemple d'une jeune structure comme Day One[16].

Bâtir une stratégie de sourcing

Au-delà de la diffusion d'un seul emploi, le conseil consiste à bâtir une véritable stratégie de *sourcing*, emploi par emploi, en fonction de son plan de développement, de la pyramide des âges dans l'entreprise, du caractère pénurique ou non des emplois, du besoin de notoriété.

Nous pourrons également raisonner court, moyen et long terme ; prendre en compte les opportunités internes et identifier avec précision les interlocuteurs externes possibles.

L'outil suivant – sous la forme d'un schéma heuristique – vous guidera dans cette réflexion : la proposition est de tirer chacun des fils (chaque branche) en vous questionnant sur la pertinence de l'utiliser, dans votre cas, pour chacun des emplois de votre organisation.

15. www.100000entrepreneurs.com
16. www.day-one.co

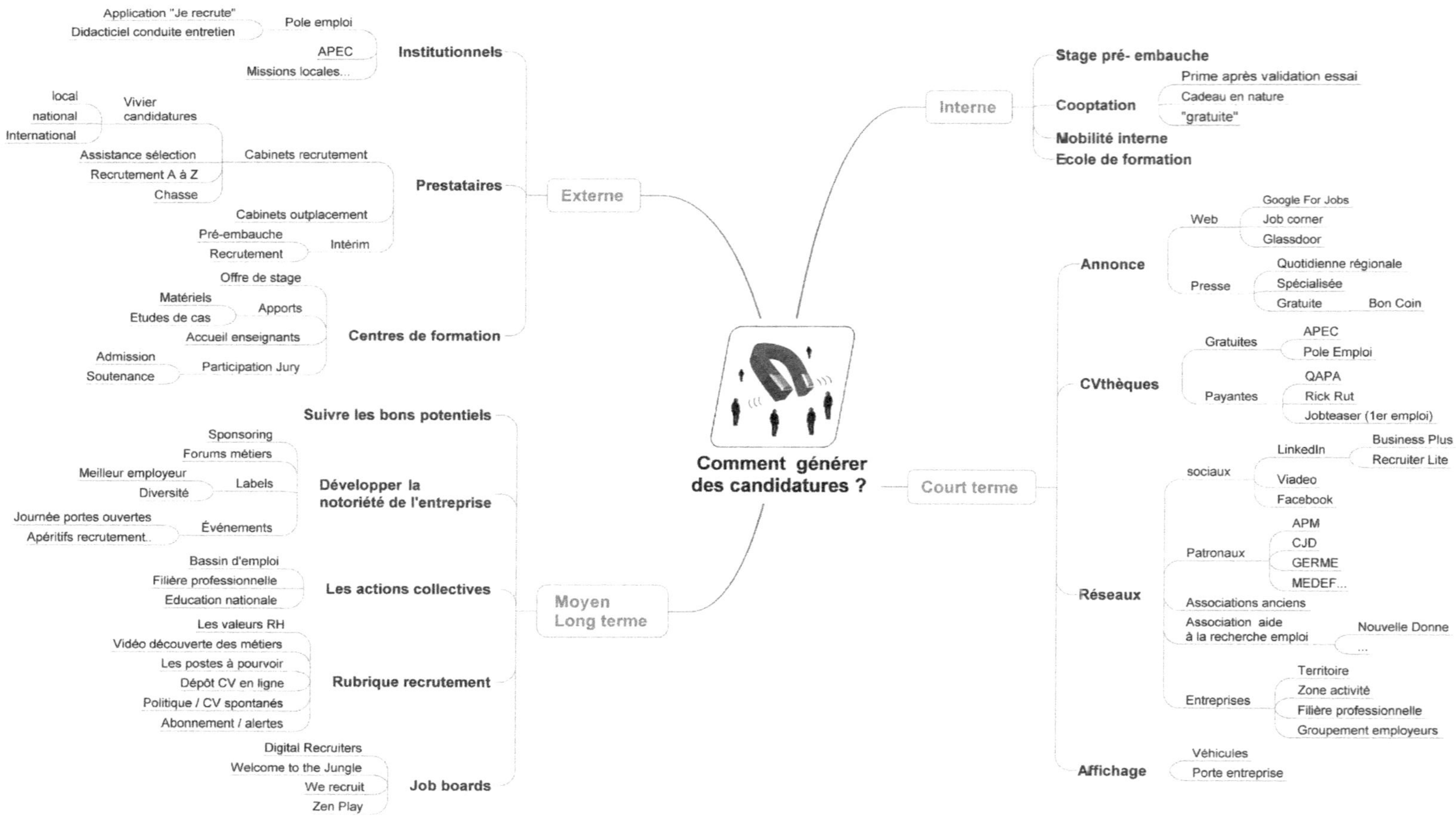

Comment générer des candidatures ?
Interne
Stage pré- embauche
Cooptation
Prime après validation essai
Cadeau en nature
"gratuite"
Mobilité interne
Ecole de formation
Court terme
Annonce
Web
Google For Jobs
Job corner
Glassdoor
Presse
Quotidienne régionale
Spécialisée
Gratuite
Bon Coin
CVthèques
Gratuites
APEC
Pole Emploi
Payantes
QAPA
Rick Rut
Jobteaser (1er emploi)
Réseaux
sociaux
LinkedIn
Business Plus
Recruiter Lite
Viadeo
Facebook
Patronaux
APM
CJD
GERME
MEDEF...
Associations anciens
Association aide à la recherche emploi
Nouvelle Donne
...
Entreprises
Territoire
Zone activité
Filière professionnelle
Groupement employeurs
Affichage
Véhicules
Porte entreprise
Externe
Institutionnels
Pole emploi
Application "Je recrute"
Didacticiel conduite entretien
APEC
Missions locales...
Prestataires
Cabinets recrutement
Vivier candidatures
local
national
International
Assistance sélection
Recrutement A à Z
Chasse
Cabinets outplacement
Intérim
Pré-embauche
Recrutement
Centres de formation
Offre de stage
Apports
Matériels
Etudes de cas
Accueil enseignants
Participation Jury
Admission
Soutenance
Moyen Long terme
Suivre les bons potentiels
Développer la notoriété de l'entreprise
Sponsoring
Forums métiers
Labels
Meilleur employeur
Diversité
Événements
Journée portes ouvertes
Apéritifs recrutement.
Les actions collectives
Bassin d'emploi
Filière professionnelle
Education nationale
Rubrique recrutement
Les valeurs RH
Vidéo découverte des métiers
Les postes à pourvoir
Dépôt CV en ligne
Politique / CV spontanés
Abonnement / alertes
Job boards
Digital Recruiters
Welcome to the Jungle
We recruit
Zen Play

Un maître mot : cohérence

C'est certainement l'idée par laquelle conclure ce point sur la diffusion des offres, car seule la cohérence globale de notre stratégie pourra en garantir le succès. Vous avez fait le choix de ne communiquer que sur LinkedIn ? Faites un lien direct entre votre menu « rejoignez-nous » et votre page entreprise sur LinkedIn… Vous faites le choix d'un site carrière dédié ? Faites-le savoir sur les réseaux !

Rencontres avec…

Pour aller plus loin et/ou conforter certains des propos qui précèdent, je me suis dit qu'il était intéressant de vous faire partager le témoignage de quelques dirigeants et acteurs du processus de recrutement. C'est le principe de ces rencontres avec…

PHILIPPE NANTERMOZ – DG de Legallais

Bonjour Philippe, merci de nous recevoir. Je te présente mon ami Claude avec qui nous avons eu des échanges enflammés sur les évolutions en matière de recrutement et cette fameuse marque employeur. Cela m'amène d'ailleurs à une première question : concrètement, qu'est-ce que cela veut dire pour une entreprise comme la tienne ?

Je vais te répondre avec un mot simple : réputation ! Et tout découle de cette idée : la réputation se fonde sur des réalités plus que des discours. C'est elle qui fait que l'on gagne et conserve ses clients… comme ses collaborateurs puisque c'est cela qui nous intéresse aujourd'hui.

Pourquoi avoir travaillé sur ce point chez Legallais ?

Probablement notre métier : quincaillier. Je ne suis pas sûr que cela fasse aujourd'hui rêver ni que cela attire les foules et suscite de nombreuses vocations. Et pourtant notre métier est avant tout question de rapports humains et le sens est très présent : nous aidons à construire et maintenir des lieux d'habitation, de travail, de vie…

Alors comment travailler sa « réputation » comme tu le dis ?

Le travail sur la marque employeur commence par une réflexion sur ce qui fait l'ADN de l'entreprise. Je ne parle pas d'un point de vue marketing, mais bien d'un point de vue réel, incarné par tous les collaborateurs. Chez Legallais, il n'y a que de l'utilité, aucune futilité ! C'est ça notre glamour à nous : tout ce que nous vendons est utile à la construction et ce, de manière durable. Bien sûr, nous faisons en sorte que l'activité de chacun réponde aussi à cette exigence.

Nous avons été au-delà et avons créé une fondation d'entreprise, en 2010. Tous les cadres que j'ai l'occasion d'embaucher m'en parlent. Cela matérialise notre volonté de développer une dynamique solidaire en faveur de l'intérêt général et cela contribue à notre réputation.

Plus récemment, nous avons également été la première entreprise normande à obtenir le label Great Place to Work.

Ok, c'est très bien pour la réputation de l'entreprise, mais comment faire pour attirer sur des métiers qui, eux aussi, ne sont pas toujours hyper-attractifs ?

Nous avons fait le choix de faire de courtes vidéos qui sont accessibles depuis notre espace carrières, avec nos salariés. Cela permet aux candidats de découvrir nos métiers et d'en comprendre les spécificités, au-delà d'un intitulé d'emploi derrière lequel se cachent des réalités très différentes selon les entreprises. Le discours est porté par un salarié, qui est ainsi valorisé. Sa spontanéité se sent et est plus percutante que le discours des dirigeants ou des RH. Tu sais, parfois, ces vidéos sont mêmes reprises par les OPCO (OPérateurs de COmpétences, qui ont remplacé les fonds d'assurances formation sectoriels).

Et tout cela accessible à des structures sans des moyens gigantesques ?

Bien sûr ! Nous sommes environ 1 000 aujourd'hui, mais ce n'était pas le cas lorsque nous avons engagé la démarche.

Quel regard portes-tu sur l'évolution du marché de l'emploi et du recrutement ?

Je pense que plus que jamais, chacun de nous veut que son travail ait du sens dans une entreprise dont la vocation ait également du sens. Je crois d'ailleurs que c'est un des atouts de nos PME/ETI dans lesquelles il est souvent plus facile de trouver du sens.

La seconde chose est qu'on ne trompe plus les candidats... sauf à ruiner sa réputation. Il faut donc une grande honnêteté dans les valeurs qui doivent être incarnées par le Codir[17] et portées au quotidien par l'encadrement.

Pour conclure, quels conseils donnerais-tu aux dirigeants en matière de recrutement ?

Le premier serait d'associer les équipes aux recrutements. Chez nous par exemple, une bonne partie des commerciaux ont été cooptés. Le deuxième serait d'utiliser les réseaux sociaux, en fonction de ses affinités et de ses activités. LinkedIn, notamment, permet de générer de nombreux contacts intéressants. Le troisième serait non seulement d'avoir un site internet qui valorise ses activités et le contexte dans lequel elles sont réalisées mais également de le faire vivre.

L'ultime, mais ils le savent bien, c'est de faire ce à quoi nous nous engageons ainsi, publiquement.

Merci Philippe pour ton retour, pragmatique et éclairant !

17. COmité de DIRection.

Reproduit avec l'aimable autorisation de la société Legallais
Pour en savoir plus: https://www.entreprise-legallais.com/rejoignez-nous/

FRANCK GAUTHIER – DRH de la branche Eiffage Construction

Bonjour Franck, merci de nous recevoir pour partager ton expérience du programme ambassadeurs au sein du groupe Eiffage. Claude est en pleine réflexion sur le processus de recrutement de son entreprise. Une première question: pourquoi avoir mis en place un programme ambassadeurs?

Nous avons compris que les candidats avaient la volonté de parler directement avec des collaborateurs du groupe pour connaître ce que, au fond, même avec la meilleure volonté, les RH ne pourront jamais restituer avec autant de précision: le vécu dans son métier, la nature exacte de son quotidien, la fierté de travailler sur telle ou telle opération, l'ambiance de l'équipe de travail. C'est pour cela que nous avons imaginé ce programme.

Quel bilan en tires-tu après dix-huit mois ?

Il est doublement positif. De la part des candidats tout d'abord, qui devenus salariés, nous ont indiqué qu'ils avaient eu ainsi beaucoup plus d'informations, des détails auxquels ils n'auraient d'ailleurs pas pensé ou osé demander, des précisions sur le contexte de l'équipe... De la part des collaborateurs également car, bien entendu, les ayant choisis pour leurs qualités, ils se sont sentis, à juste titre, valorisés, reconnus dans leurs compétences. Par ailleurs, ils se sont pris au jeu de cette mission complémentaire.

Quels sont les facteurs de réussite ?

Outre le choix des ambassadeurs, il est essentiel que leur nombre soit bien calibré : suffisamment nombreux pour qu'ils puissent intégrer cette mission dans leur charge de travail, mais pas trop nombreux de manière à pouvoir les animer, les accompagner individuellement. Il faut notamment les former pour qu'ils communiquent efficacement sur les différents médias utilisés, il faut les sensibiliser au fait, qu'étant ambassadeurs, ils sont garants de notre marque employeur et, qu'à ce titre, ils doivent être réactifs vis-à-vis des candidats. C'est important car la réactivité est devenue un point essentiel. Ils doivent enfin se montrer authentiques, tout en maîtrisant quelques éléments de langage propres au groupe.

Je me fais volontairement l'avocat du diable : ce type de programme n'est-il pas réservé aux grands groupes ?

Absolument pas. S'il est vrai que les structures modestes peuvent avoir du mal à financer certains outils digitaux, en revanche, la logique qui sous-tend la démarche – pouvoir converser directement avec les salariés d'une entreprise – peut se décliner dans n'importe quelle structure, quelle que soit sa taille.

Quelles sont, de ton point de vue, les principales évolutions en matière de recrutement ?

Outre la pénurie de candidats qui nous conduit à internationaliser nos recherches, c'est la digitalisation qui est marquante : c'est la multiplicité des offres, la possibilité quasi immédiate de changer d'univers, les facilités de contacts via des réseaux comme LinkedIn. Toutes les informations sont désormais à portée de clic et les candidats peuvent très facilement savoir ce qui se passe à l'intérieur des entreprises. Je pense notamment à des sites comme Glassdoor.

Quel message pour conclure ?

Je suis convaincu que ces évolutions doivent conduire les dirigeants et spécialistes de la fonction RH à être encore plus attentifs à l'attractivité de leurs structures et à la cohérence entre la promesse faite à travers les messages adressés aux candidats et la réalité quotidienne dans l'entreprise.

Merci Franck pour ce retour d'expérience !

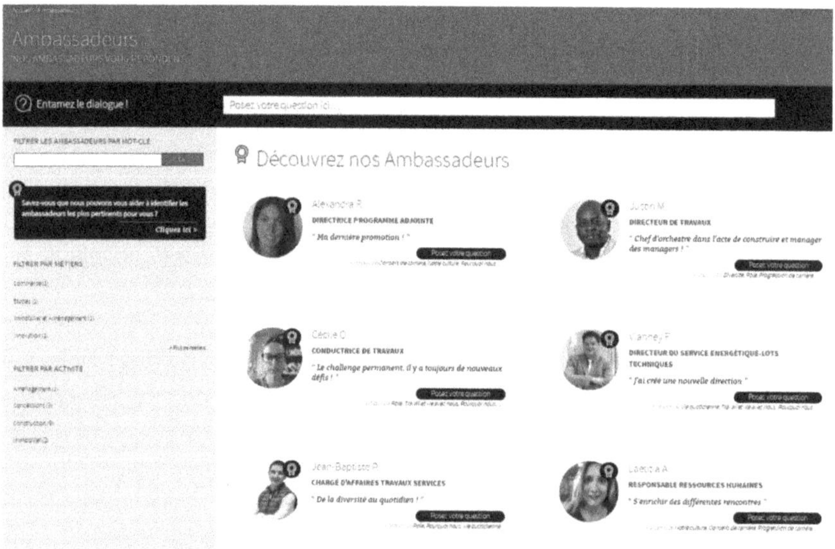

Reproduit avec l'aimable autorisation de Franck Gauthier
Pour en savoir plus : https://jobs.eiffage.com/Eiffage, https://www.eiffage.com/home/carrieres/echangez-avec-nos-ambassadeurs.html

JÉRÉMY CLEDAT – Cofondateur de Welcome To The Jungle (WTTJ)

Bonjour Jérémy, merci de nous recevoir Claude et moi. Comme nombre de dirigeants, nous déplorons le manque de candidats lorsque nous recrutons. Quelle est la promesse de WTJJ dans ce domaine ?

Elle est double : pour les candidats, la proposition est de trouver le bon job dans la bonne boîte. Pour les entreprises la promesse est d'attirer non pas les meilleurs candidats en valeur absolue, mais les bonnes personnes « pour elles ».

C'est super Jérémy, proposé ainsi, c'est la baguette magique ! Qu'est-ce qui fait que cela marche ?

Le secret réside dans deux mots que nous érigeons en valeurs, y compris au sein de WTJJ : transparence et sincérité. Concrètement, nos clients obtiennent des candidatures qualifiées car ils communiquent les informations qui permettent à chacun de se faire une idée, non seulement du job mais, plus important encore, du contexte dans lequel il s'exerce.

Quelles sont ces informations ?

Il y a bien entendu des photos des espaces de travail, des témoignages vidéo des collaborateurs, le nombre de personnes, l'âge moyen de l'équipe, le niveau de parité hommes/femmes, les possibilités de mobilité interne, bref, tout ce qui permet de contextualiser l'environnement de travail.

C'est d'ailleurs une difficulté pour nos clients, car si nous les aidons sur la question des indicateurs, il n'est pas si facile de décrire ce que l'on est « vraiment ».

Le principe nous paraît très clair. Concrètement, comment cela fonctionne-t-il ?

Nos clients disposent d'un espace recrutement qui leur permet de publier ces informations, de diffuser leurs offres auprès de sites partenaires puis de recevoir directement les candidatures.

Ils peuvent les gérer de bout en bout grâce à une solution logicielle : c'est notre « Welcome kit ».

Comment est née l'idée au sein de WTTJ ?

En 2015, alors que nous étions dans un tout autre univers, nous avons fait le constat, avec mon associé, Bertrand Uzeel, qu'il fallait repenser l'expérience de travail que nous trouvions peu qualitative et cela, à tous les niveaux. Nous avons décidé de commencer par le début du cycle en nous focalisant sur le candidat, futur collaborateur, avec l'ambition de lui offrir la meilleure expérience candidat possible.

Et quels sont les prochains développements de WTTJ ?

L'objectif est de continuer à grandir en aidant nos clients à le faire en leur proposant des solutions pour l'intégration, un autre sujet majeur. Une statistique m'a marqué : 4 % des collaborateurs quittent leur job dès le premier jour ! C'est notre brique « Welcome home ». La suite logique sera de travailler sur le champ du développement de la compétence et de la mobilité interne.

Pour toi, Jérémy, qu'est-ce qui a le plus évolué dans le monde du recrutement ?

Du fait d'un rééquilibrage du rapport de force entre les recruteurs et les candidats, la marque employeur est devenue un sujet clé et le recrutement a une dimension marketing croissante. C'est sans doute encore plus vrai pour la jeune génération qui veut choisir un contexte de travail en phase avec ses aspirations. Cela conduit naturellement à une évolution de la posture et des compétences du recruteur.

Tout cela est parfaitement clair. Si tu avais un ultime conseil à donner aux dirigeants, quel serait-il ?

Il est basé sur le constat que nous faisons auprès de nos 3 000 entreprises clientes : celles qui ont le plus de succès sont celles qui ont le plus réfléchi à leur promesse employeur de manière à être parfaitement cohérentes. Ainsi, il ne faut pas hésiter à être clivant dans sa proposition. Les entreprises les plus performantes en matière de recrutement sont les entreprises les plus performantes tout court.

Un autre conseil serait de soigner la façon dont on dit « non » à un candidat : il n'y a pas de meilleur ambassadeur de la marque qu'un candidat à qui nous avons dit non de manière positive et constructive.

Merci Jérémy pour le temps que tu viens de nous consacrer et ce point de vue précieux sur la marque employeur. Nous savons désormais comment orienter nos réflexions, n'est-ce pas Claude ?

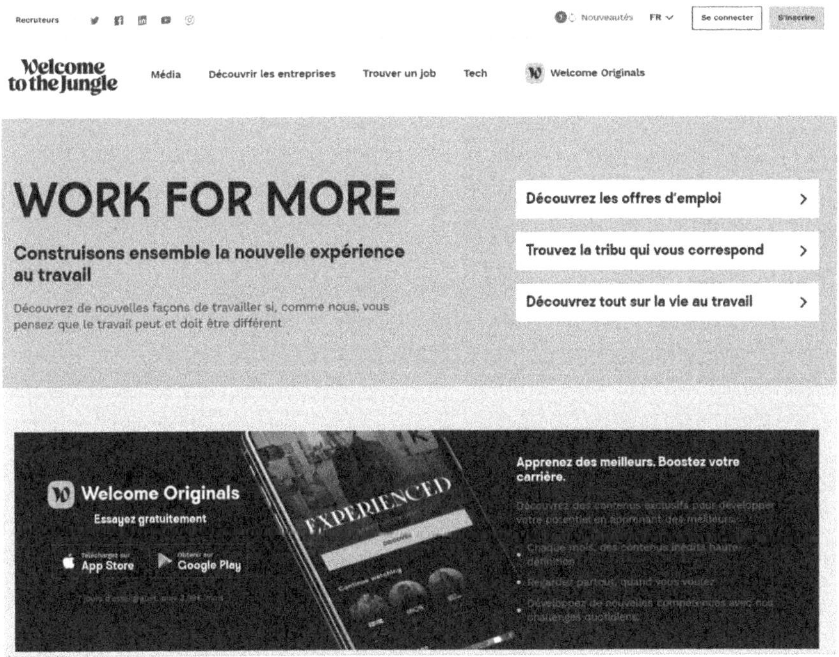

Reproduit avec l'aimable autorisation de WTTJ
Pour en savoir plus : https://www.welcometothejungle.com/fr

JEAN-EUDES YAHOUEDEOU – Cofondateur de Seeqle

Bonjour Jean-Eudes, merci de nous recevoir avec Claude. Nous nous interrogeons sur la manière de digitaliser tout ou partie de notre processus de recrutement. J'ai donc une première question : quelle est la promesse de Seeqle ?

En fait il s'agit de mettre à disposition un outil simple qui permette de gérer quelque chose de complexe : automatiser l'acquisition et le sourcing *de candidatures qualifiées, c'est-à-dire répondant aux critères de sélection définis par l'entreprise.*

Jusque-là, nous te suivons. Très concrètement, comment cela fonctionne-t-il ?

Nos clients commencent par définir les profils recherchés en combinant des critères professionnels (un niveau d'étude, un métier, un secteur d'activité…) à des centres d'intérêt (les sports collectifs, la musique…) voire des zones géographiques. Ils téléchargent ensuite le visuel de leur offre d'emploi ainsi que l'accroche à partir desquels le système va proposer une mise en forme des bannières telles qu'elles apparaîtront sur le mobile ou l'écran des candidats ainsi ciblés. Vous me suivez toujours ?

Très bien, et ensuite ?

Il ne reste plus qu'à cibler les canaux de diffusion des offres : Facebook, Instagram, Google, Messenger, Snapchat, Twitter, Indeed, Spotify et les messageries Gmail, en fonction de ce que peuvent utiliser les candidats visés. Ensuite, comme pour une régie publicitaire, vous choisissez un budget et le système vous indique le nombre de personnes potentiellement touchées. Il ne reste plus qu'à coller le lien de la page qui vous permettra d'accueillir les candidats intéressés, l'offre d'emploi sur votre site web par exemple.

C'est magique, et côté candidat, comment cela marche-t-il ?

Très simplement : lorsque le candidat répondant aux critères utilise l'un des canaux sélectionnés, une bannière portant l'offre de l'entreprise apparaît et il a la liberté, s'il est intéressé, de cliquer sur le lien pour en savoir plus.

C'est tout à la fois fascinant et effrayant !

En fait, c'est surtout assez nouveau dans le monde du recrutement. Ce système fonctionne depuis de nombreuses années dans le monde du commerce. C'est ce qui permet d'adresser des publicités ciblées. En matière de recrutement, il y a bien entendu des limites aux critères de sélection, au premier rang desquelles celles qui sont légales. Il n'est évidemment pas possible de saisir des critères de discrimination : l'âge, le sexe, l'orientation sexuelle, l'appartenance syndicale, etc.

Mais qui utilise ce type de solution ?

Toutes les organisations qui ont des besoins de recrutement importants – en volume – ou récurrents sur des profils intermédiaires : vendeurs, livreurs, conseillers bancaires, chauffeurs, intérimaires…

Et quel est le modèle économique ?

Pour pouvoir donner l'accès à cette technologie au plus grand nombre, nous fonctionnons par abonnement mensuel puis par campagne de recrutement. Dès que les volumes sont importants, cela permet d'avoir un coût d'acquisition par candidat de l'ordre de 10 euros.

J'ajoute que le plus de Seeqle est d'avoir un algorithme qui s'actualise en permanence pour pouvoir préconiser des critères de diffusion en fonction des profils recherchés.

Et quels sont les développements à venir ?

Nous travaillons sur deux axes. Le premier est l'amélioration de nos outils de ciblage des bons canaux pour accroître l'efficacité de nos recommandations. Le second est d'automatiser la proposition de visuel et d'accroche – la punch line *– à partir du profil défini par l'entreprise.*

Qu'est-ce qui caractérise selon toi le marché du recrutement?

Comme nous regardons ce qui se passe dans les autres pays, je pense que la digitalisation du processus de recrutement est plutôt en retard en France. C'est sans doute culturel, mais on a pris du temps à appliquer les techniques du marketing aux ressources humaines. Le second phénomène est l'inversion du rapport entre le candidat et l'employeur qui, aujourd'hui, doit vendre sa boîte. La concurrence est forte entre les entreprises qui doivent avoir des outils pour cibler les candidats. Les entreprises les plus innovantes dans leur approche du recrutement sont donc les plus avantagées.

Merci Jean-Eudes, tu nous ouvres des perspectives inattendues. Pour conclure cet échange, quel conseil pourrais-tu donner aux dirigeants?

Cela va peut-être vous paraître paradoxal, mais c'est de ne pas pousser trop loin l'analyse data: cela conduirait à standardiser les profils et à ne recruter que des clones. Or, nous le savons bien, la valeur d'une entreprise dépend de sa capacité à créer un tronc commun qu'elle vient enrichir par la diversité des profils de ses collaborateurs.

Reproduit avec l'aimable autorisation de Seeqle

Pour en savoir plus: https://www.seeqle.com/

Les outils

Check-list : comment améliorer mon site internet ?

J'ai établi cet outil à partir de ce que j'ai pu observer sur les quelque 2 000 sites scrutés pour préparer mes interventions auprès des dirigeants de l'APM et de Germe. De ce fait, je regroupe ici les meilleures pratiques. Le principe n'est donc pas nécessairement de cocher toutes les cases – outre les fondamentaux –, mais d'être inspirant, particulièrement si le fait de disposer d'un vivier permanent de candidats est stratégique pour vous…

	Plutôt	
	Oui	Non
Les fondamentaux…		
L'accès au site est sécurisé (https) sur l'ensemble des pages.	☐	☐
Le site est conforme avec la réglementation sur le RGPD.	☐	☐
Le site est « *responsive design* ».	☐	☐
Les dates qui apparaissent traduisent l'actualisation constante du site.	☐	☐
Les temps de chargement des pages sont rapides, optimisés.	☐	☐
Sur le plan visuel…		
La vidéo est privilégiée.	☐	☐
Les images sont « maison » plutôt qu'issues d'une banque de photos.	☐	☐
Les visages sont souriants.	☐	☐
Les choix graphiques sont homogènes (photo, vidéo, *design-motion*…)	☐	☐
Les informations clés sont mises en évidence.	☐	☐
L'accès aux offres…		
Le menu apparaît en haut de page.	☐	☐
Le titre « rejoignez-nous », « carrières », « recrutement » est pertinent.	☐	☐
Le survol du menu permet de se faire une idée du contenu.	☐	☐
Les items du menu sont illustrés par des images/icônes.	☐	☐
Le nombre de clics menu > offres est réduit au minimum	☐	☐

	Plutôt	
	Oui	Non
Les offres...		
Chaque offre est illustrée par une photo significative de l'emploi.	☐	☐
L'emploi est présenté sous forme d'une vidéo de moins de 2 minutes.	☐	☐
Le texte de l'offre commence par « vous êtes... »	☐	☐
Un lien renvoie vers la présentation vidéo de l'entreprise/département.	☐	☐
Le candidat est invité à postuler en un clic... ou à diffuser l'offre à son entourage.	☐	☐
L'espace recrutement...		
Le dirigeant, la DRH, les ambassadeurs accueillent l'internaute dans l'espace recrutement.	☐	☐
Les valeurs de l'entreprise sont présentées et illustrées dans la politique RH.	☐	☐
Des collaborateurs témoignent sur l'entreprise, leur métier.	☐	☐
Les avantages qui font de l'entreprise une organisation attractive sont mis en avant.	☐	☐
La politique formation et développement des compétences est mise en évidence.	☐	☐
L'expérience candidat...		
Le candidat est remercié de sa visite/ses actions (message sympa, *pop-up* vidéo...)	☐	☐
Le candidat peut visualiser en un clic les opportunités qui le concernent.	☐	☐
Le candidat peut postuler sur une offre en un clic.	☐	☐
Le candidat a la possibilité de se créer une alerte sur les nouvelles opportunités.	☐	☐
Le candidat peut facilement converser avec le recruteur, des salariés ambassadeurs.	☐	☐
La connexion avec les réseaux sociaux...		
Les sigles des réseaux sociaux associés apparaissent sur toutes les pages.	☐	☐
Les liens renvoient vers les réseaux sociaux concernés.	☐	☐
La double fonction est organisée : partager sur... et accéder à...	☐	☐
Si tout est géré via les réseaux sociaux, un lien permet d'y accéder directement.	☐	☐
La cohérence avec les infos de recrutement de l'entreprise est assurée.	☐	☐

	Plutôt	
	Oui	Non
Enfin, plus généralement…		
La candidature spontanée est encouragée.	☐	☐
L'incitation au partage des offres dans son réseau est explicite.	☐	☐
Le candidat qui le souhaite peut donner son avis sur l'espace recrutement.	☐	☐
Des personnes de la cible sont physiquement observées pendant leur navigation.	☐	☐
Les statistiques de fréquentation de l'espace sont analysées.	☐	☐

Pour exploiter cet outil, vous pouvez considérer que vous avec un atout chaque fois que vous avez coché « oui ». Pour chaque « non », vous disposez potentiellement d'un axe d'amélioration de votre site. Je dis potentiellement car, si vous n'avez pas besoin de générer un flux constant de candidatures spontanées, inutile de donner à l'internaute la possibilité de le faire !

S'agissant des photos, il va sans dire qu'il convient de s'assurer qu'elles sont libres de droit et/ou de faire apparaître les crédits photographiques. De la même manière, il est prudent de faire signer un document aux collaborateurs pour leur droit à l'image. Enfin, une astuce peut consister à recadrer les photos de manière à ce que les visages ne soient que partiellement visibles… ce qui règle la question de l'éventuel *turn-over*.

Check-list : l'offre est-elle diffusable en l'état ?

Cette seconde check-list concerne plus spécifiquement la rédaction de l'offre, qu'elle apparaisse sur le site ou qu'elle soit diffusée par des tiers : association d'anciens élèves, prescripteurs, *job-boards*…

	Plutôt	
	Oui	Non
Sur le fond…		
L'intitulé de l'emploi est conforme et suffisamment vendeur.	☐	☐
L'offre est juridiquement conforme.	☐	☐
Le destinataire des candidatures est clairement identifié.	☐	☐
Sur le plan rédactionnel…		
L'adresse au candidat débute par « vous êtes… » voire « tu es… ».	☐	☐
La mission est introduite par « nous vous proposons », « votre mission… »	☐	☐
La mission est abordée par les finalités plutôt que par les activités.	☐	☐
Les verbes d'action sont préférés aux substantifs.	☐	☐
L'utilisation des sigles est pertinente par rapport au public cible.	☐	☐
Les redondances/évidences sont éliminées.	☐	☐
Sur la mise en forme…		
L'offre est illustrée : photos/pictos/symboles.	☐	☐
L'offre est aérée.	☐	☐
L'ordre d'apparition des éléments est : le profil, la mission, l'entreprise.	☐	☐
La méthode…		
Le manager direct a été associé à la rédaction de l'offre.	☐	☐
L'offre a été testée, en face à face, par des titulaires internes de l'emploi.	☐	☐
L'offre a été testée, en face à face, par des personnes de la cible recherchée.	☐	☐
Pour les offres diffusées sur des supports externes…		
L'entreprise qui recrute est clairement identifiée.	☐	☐
Le renvoi vers le site de l'entreprise est facilité : lien hypertexte, QR-code…	☐	☐
La mise en forme de l'offre est sécurisée (PDF par exemple).	☐	☐

Exemples d'offre « avant/après »

Pour illustrer ce qui précède, vous trouverez, dans un style rédactionnel – format bouquin oblige – deux offres concernant un emploi d'expert-comptable. La première est ce qui a été initialement diffusé par le cabinet, la seconde, ce que j'ai proposé à l'un des associés qui déplorait de ne pas recevoir de candidatures…

Pour des raisons évidentes, j'ai flouté les coordonnées…

Expert-comptable

Descriptif du poste

Vous êtes diplômé et possédez une expérience, significative, en cabinet.

Vous vous interrogez sur la poursuite de votre carrière et sur votre orientation professionnelle.

Venez rejoindre un cabinet à taille humaine. Nous sommes 50 personnes et intervenons en audit et expertise comptable sur 2 sites. Quatre associés de 40 à 60 ans nous souhaitons donner une vraie place aux générations Y & Z.

Compétences et profil recherchés

<u>Ce que nous vous offrons :</u>

- Des missions d'expertise comptable,
- Des missions de stratégie et d'ingénierie d'organisation en accompagnement des clients,
- Des missions de Commissariat aux comptes,
- La prise en charge du développement informatique du cabinet.

En collaboration étroite avec les experts-comptables associés, vous serez en charge d'une équipe de collaborateurs. Votre mission, envers les collaborateurs, portera sur des travaux d'accompagnement, de suivi technique et de validation de la qualité des travaux tant en expertise qu'en Commissariat.

Vous serez également impliqué dans la gestion du cabinet et notamment son développement.

En outre, vous prendrez en charge les projets de mutations technologiques envisagés. Cette partie de votre mission sera complète puisque vous serez associé aux choix et devrez assurer le déploiement tant pour les collaborateurs que pour les clients.

Informations supplémentaires

Type :

CDI Plein temps

Expérience :

Confirmé

Fonction :

Comptabilité/audit

Secteurs :

Comptabilité

EXPERT-COMPTABLE, FUTUR(E) ASSOCIE(E)

Vous êtes :

Titulaire du DEC et avez acquis une expérience d'une dizaine d'années en cabinet. Vous avez ainsi pu conduire des missions dans des univers très différents, qui, au-delà de la dimension technique, vous ont permis de développer un réel savoir-faire relationnel. Vous êtes reconnu(e) et apprécié(e) pour cela. Très ouvert(e) aux NTIC, vous avez déjà réfléchi aux transformations que la révolution numérique va engendrer dans notre profession...

Nous sommes :

Un cabinet d'une cinquantaine de collaborateurs, sur 2 sites, animés par 4 associés. Notre slogan pourrait être : "nous serons toujours à vos côtés !". Nous mettons un point d'honneur à ce que chacun de nos clients, en toutes circonstances, puisse joindre un interlocuteur au fait de son dossier. Pratiquement, toute notre organisation est tournée vers la qualité du service que nous pouvons rendre à nos clients. Nous tissons avec chacun d'eux une relation durable, basée sur le professionnalisme, la disponibilité et l'empathie. Ceci nous confère une posture de conseil pour accompagner efficacement le développement de nos clients.

Nous vous proposons :

Outre la prise en compte de missions classiques d'expertise comptable et de commissariat aux comptes, nous vous proposons de :

- prendre en charge l'animation et le développement d'une équipe de collaborateurs,
- participer à la réflexion stratégique sur le développement du cabinet,
- piloter la mutation numérique du cabinet, tant en interne qu'en externe.

Bref, de construire avec nous le cabinet de demain, dans le respect de ses valeurs fondatrices !

Vous vous êtes reconnu(e) ? Merci d'adresser vos propositions, que nous serons heureux d'analyser, en toute confidentialité, à [illegible]

Offres : osons la différence !

Il m'a semblé intéressant de partager ici deux exemples d'offres résolument différentes. La première, déjà citée sur le principe, présente l'emploi sous la forme d'un organigramme :

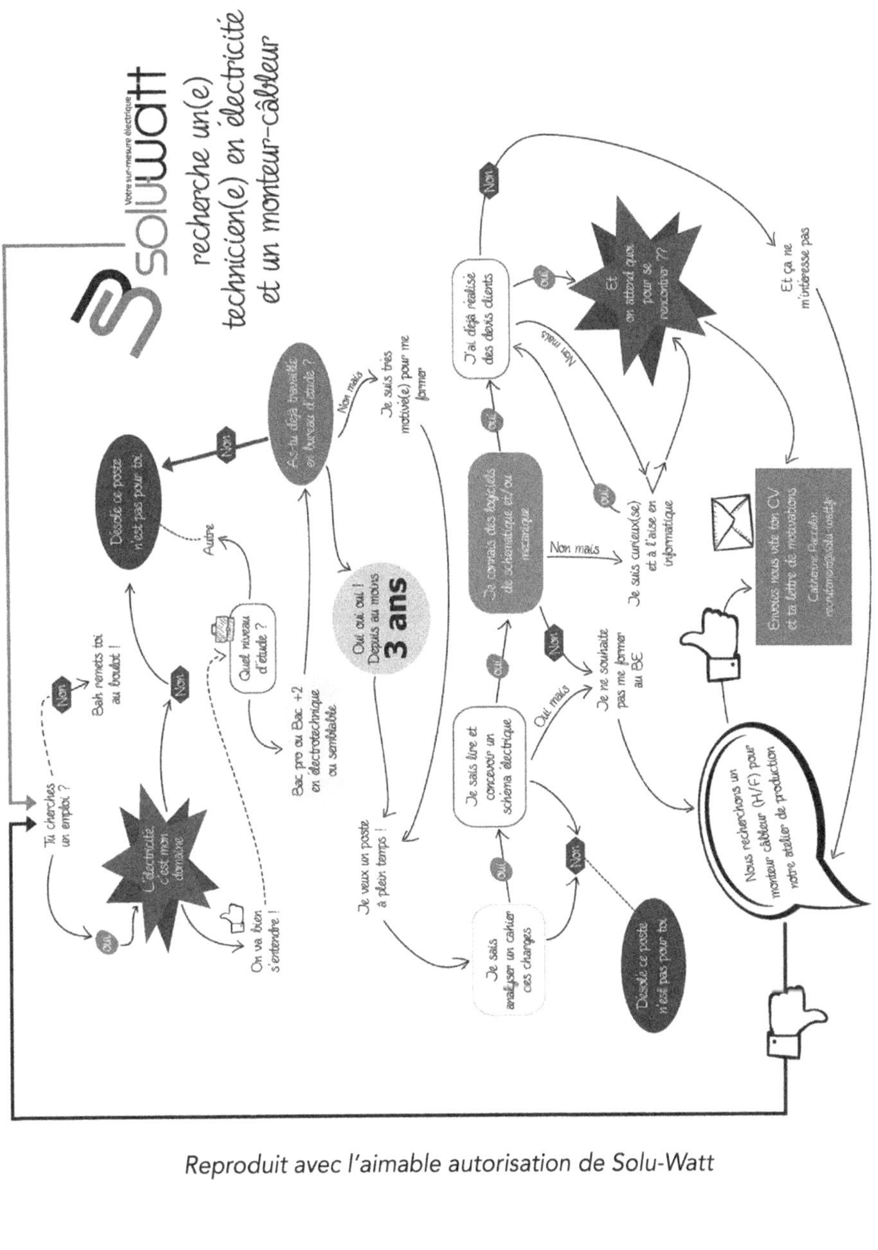

Reproduit avec l'aimable autorisation de Solu-Watt

Toute l'ingéniosité de cette offre réside dans son originalité d'une part, dans sa pertinence par rapport à l'emploi d'autre part, puisque l'une des compétences requises est notamment la capacité à lire des logigrammes.

Je vous invite à vous rendre sur le site de l'entreprise (www.solu-watt.fr) car si cette offre ne figure plus, un nouveau visuel atteste de la créativité et du sens de l'humour de son rédacteur.

Un second exemple est celui d'Optima, une filiale du groupe Demeco qui, dans cette offre, renverse totalement les codes…

Reproduit avec l'aimable autorisation
de Fabienne Bergeron, DRH Groupe Demeco

… en candidatant pour devenir votre futur employeur!

CHAPITRE 4

SE DÉCOUVRIR… MUTUELLEMENT

Je repense à une chose, Dominique…

Nos deux dirigeants se retrouvent, comme toutes les semaines, autour d'un déjeuner pour faire le point sur les bonnes nouvelles de la semaine. Une pratique malheureusement trop peu répandue… Après les avoir partagées, donc, c'est avec un grand sourire que Claude dit à Dominique :

*« Tu sais, je suis super-content car j'ai déjà reçu trois candidatures dont deux me semblent particulièrement intéressantes. Comme tu m'as fait bien fait sentir que j'étais un peu "*has been*" en matière de recrutement, quels conseils pourrais-tu me donner pour savoir ce que valent ces deux candidats ?*

– C'est marrant ton expression : tout ce qu'il faut éviter est compris dedans… »

L'objectif du processus de sélection

Il ne vous aura pas échappé que le titre du chapitre n'est pas « sélectionner les candidats » mais « se découvrir… mutuellement ». J'ai volontairement fait le choix de cette formulation pour traduire le nouvel état d'esprit du recruteur qui n'est plus un « sélectionneur » (au sens d'éliminateur) mais un « découvreur ».

C'est la raison pour laquelle Dominique réagit plus haut aux propos de son ami Claude : « savoir ce que valent les candidats ». L'expression renvoie implicitement à la notion de jugement, avec une posture dominante. La notion de découverte renvoie plutôt à la notion d'analyse, avec une posture « basse », « humble ».

L'approche est ici plus pragmatique qu'idéologique. Elle part du raisonnement suivant : qu'est-ce qu'un bon recrutement dans la durée ? Je crois que tous les recruteurs acquiesceront à l'idée qu'il s'agit d'un accord, probablement limité dans le temps, dans lequel les deux parties trouvent leur compte. Dès que ce n'est plus le cas, la séparation s'impose. Cela implique qu'il ne peut s'agir d'un rapport de force entre un dominant et un dominé mais plutôt d'un choix réciproque dans lequel chacun a envie de découvrir l'autre, de la façon la plus honnête et transparente possible.

À tous ceux qui seraient en train de me trouver par trop « bisounours », je rappelle cette belle formule de François de la Rochefoucauld : « Notre méfiance justifie la tromperie d'autrui. »

Si vous m'avez suivi dans mon raisonnement, celui-ci conduit à deux conclusions très opérationnelles :

- la première est liée à la posture, de découvreur plutôt que de juge ;
- la seconde est liée à une question que tout recruteur doit se poser : quel intérêt le candidat aurait-il à nous rejoindre ? Il convient d'y réfléchir avec autant d'exigence que pour la traditionnelle question : quel intérêt aurais-je à l'embaucher ?

C'est en haut du mur…

Chacun connaît l'expression : « C'est au pied du mur que l'on voit le maçon. » Je serais tenté de dire – mais c'est peut-être une hérésie – que c'est plutôt en haut, une fois le mur fini ! Derrière cette boutade se pose une véritable question : en fait, que devons-nous apprécier ?

Est-ce la capacité d'un candidat à réussir un entretien ou est-ce sa capacité à faire le job pour lequel nous sommes entrés en relation ? Pour certains emplois, les deux se confondent : un commercial terrain par exemple devra notamment être en mesure de générer un bon premier contact avec son interlocuteur, de le questionner avec pertinence, voire de conduire les échanges sans en donner l'impression. Dans ce cas, l'entretien de découverte peut s'apparenter à une véritable mise en situation.

En revanche, il y a de nombreux emplois pour lesquels ce n'est pas véritablement le sujet : analyste financier, développeur informatique, certains emplois des services à la personne, des métiers techniques dans l'industrie...

Par ailleurs, ayons bien en tête que si les dirigeants et managers se forment au recrutement, les formations aux techniques de recherche d'emploi et les entraînements pour l'entretien sont légion. Il suffit pour s'en convaincre de taper sur Google « formation réussir entretien embauche » pour générer 866 000 résultats !

Certaines entreprises vont même, sous couvert de se montrer « sympathiques » envers les candidats, jusqu'à proposer des applications pour s'entraîner à donner les « bonnes » réponses lors des entretiens. N'est-ce pas là une façon d'entretenir ce jeu de dupes ?

Le premier réflexe est donc de nous demander en quoi un entretien nous permettra, ou non, de découvrir un candidat, de manière sincère et honnête et de nous faire une idée, la plus objective possible, des probabilités pour qu'une collaboration se révèle fructueuse, pour le candidat comme pour l'entreprise.

Et si nous supprimions l'entretien ?

C'est de ce fait la question que nous pourrions nous poser, en tout cas s'agissant de l'entretien dans sa forme traditionnelle la plus caricaturale : une chaise visiteur devant un bureau imposant, une rencontre pseudo-égalitaire dans un box visiteur à la froideur incomparable...

Dans ce cas, par quoi le remplacer ? Voici quelques pistes :

- Le « CV » vidéo : le groupe Decathlon, par exemple, a fait une expérimentation et demandé aux candidats de faire une vidéo de moins de trois minutes dans laquelle ils parlent avec passion de leur sport de prédilection. C'est en effet cette aptitude-ci qui fait qu'un vendeur est performant dans son rayon.
- Une mise en situation, sous forme d'un jeu vidéo qui permet de tester, selon le jeu retenu, la débrouillardise, la capacité à s'intégrer très rapidement dans une équipe et à coopérer efficacement, la précision, la vision dans l'espace, la capacité à résoudre des énigmes...
- Les *serious games* : si le phénomène est amené à prendre de l'ampleur, notamment auprès des *digital natives*, le principe existe depuis plusieurs années. Dès 1995, le groupe L'Oréal utilisait les *serious games* comme outil de recrutement. Depuis, nous pouvons citer ceux de EDF, Thalles, ou encore le tout dernier Saint-Gobain Brain. Il est d'ailleurs intéressant d'observer que les éditeurs de jeux « classiques » cherchent à développer leur offre de *serious games*, alors qu'à l'inverse, le monde traditionnel de la formation cherche à « gamifier » son approche. Lesquels seront les plus rapides et les plus puissants ?
- Les mises en situation plus traditionnelles, pour ceux d'entre vous qui hésitent à sauter le pas. C'est d'ailleurs ce que propose Pôle Emploi avec son dispositif MRS (méthode de recrutement par simulation)[18]. Le principe est simple : définir quelles simulations per-

18. https://www.pole-emploi.fr/employeur/vos-recrutements/selectionnez-des-candidats/la-methode-de-recrutement-par-si.html

mettent d'apprécier de manière objective la capacité d'un candidat à réaliser tel type de tâche. Pôle Emploi peut même vous accompagner dans la construction des simulations. La contrepartie est que l'entreprise n'a accès aux CV des candidats qu'après les simulations. Seuls les résultats obtenus comptent : c'est en haut du mur... J'ai déjà eu à plusieurs reprises des retours d'expérience positifs de la part de dirigeants d'hypermarchés ayant sollicité ce dispositif dans le cadre de recrutements pour l'ouverture d'un nouveau magasin. Il est d'ailleurs regrettable que Pôle Emploi, si souvent décrié, ne mette pas plus en avant ce type de dispositif...

- Un test sur ce qui fait la complexité de l'emploi : par exemple, pour un contrôleur de gestion, la complexité de la fonction tient sans doute plus à la capacité de permettre l'appropriation des conclusions par les opérationnels que dans celle de mettre en place les indicateurs. Une mise en situation intéressante serait de proposer à un candidat de présenter avec pédagogie des indicateurs peu flatteurs à un responsable de service...

Pour ceux qui ne peuvent pas s'en empêcher...

Faisons un focus sur l'entretien de découverte à travers deux recommandations essentielles pour les réussir.

Commençons par écouter

Trop de recruteurs, sous couvert de mettre les candidats à l'aise – ce qui est une bonne idée par ailleurs dans 95 % des cas – commencent l'entretien en présentant l'entreprise, voire le poste. Ce faisant, ils introduisent de fait un biais, l'interlocuteur ayant instinctivement tendance à se présenter en fonction de ce qu'il vient d'entendre. C'est même la compétence de base pour les commerciaux: reformuler ce que viennent de leur dire leurs prospects pour les transformer en clients.

Ce faisant, autre inconvénient, nous nous privons d'une information essentielle: comment notre interlocuteur a-t-il préparé son entretien? Quels renseignements a-t-il pris sur l'entreprise? En cas de second entretien, qu'a-t-il retenu du premier?

Pour éviter ces deux écueils, commençons systématiquement par demander à notre interlocuteur de se présenter. Nous pourrons soit donner une consigne précise – pour les emplois d'exécution par exemple –, de manière à apprécier la capacité à respecter une règle, soit au contraire faire une proposition très large – pour les commerciaux, cadres de direction – pour apprécier la capacité à convenir spontanément du cadre de l'échange (durée, nature des informations à communiquer, etc.).

Dans le cas d'un second entretien, nous pouvons commencer, après avoir remercié notre interlocuteur de s'être rendu à nouveau disponible, par une question du type: «Qu'avez-vous retenu de votre dernier entretien? Quels points précis avez-vous abordés?»

Enfin, dans le cas d'un premier entretien avec une personne que nous aurons chassée[19], il est possible, après avoir remercié notre interlocuteur d'avoir répondu favorablement à notre sollicitation, de commencer par une question du type: «Pardonnez ma curiosité, mais qu'est-ce qui fait que vous ayez répondu favorablement à ma demande?» Il suffira ensuite d'enchaîner sur d'autres questions ouvertes…

19. Dans le jargon du recruteur, c'est le cas lorsqu'un «chasseur de têtes» prend l'initiative d'un contact avec une personne qui, elle, n'avait rien demandé…

Posons des questions ouvertes

La maîtrise du questionnement est une compétence essentielle pour le recruteur. Nous avons tous appris, dès les bancs de l'école, qu'une question fermée appelait une réponse de type « oui » ou « non ». En revanche, peu de professeurs ont attiré notre attention sur la nature psychologique de la réponse. En effet ce « oui » ou « non » est une réponse réflexe, le plus souvent de défense. C'est ce qui explique que nombre d'entre nous répondent mécaniquement « non » à un inconnu qui, dans la rue, nous demande : « Puis-je vous poser quelques questions ? » C'est la même chose lorsqu'un vendeur en boutique « saute » sur son client avec un « Je peux vous renseigner ? » et que nous répondons « non ». Un dernier exemple est celui du restaurant. Qui répond « non » au serveur qui demande « Ça s'est bien passé ? », alors qu'il n'a pas été totalement satisfait de son plat ?

À l'inverse une question ouverte – à laquelle nous ne pouvons donc répondre ni par oui, ni par non – appelle une réponse construite et réfléchie. Préférons « Comment allez-vous surmonter les difficultés de ce poste ? » au « Êtes-vous bien conscient des difficultés de ce poste ? ».

Notons bien que, spontanément, les enfants posent des questions ouvertes (« Quand va-t-on se promener ? »)… jusqu'au moment où nous, parents, usés de devoir expliquer que ce n'est pas possible, leur apprenons que ce n'est pas comme cela qu'il faut poser la question mais plutôt : « Est il possible d'aller se promener ? » Convenons que cela devient un boulevard de répondre « non ! » Pourquoi cette digression ? Simplement pour nous rappeler qu'il suffit de retrouver le gamin qui sommeille au fond de chacun d'entre nous… et de nous entraîner, car l'expérience montre que plus nous sommes stressés – comme nombre de recruteurs en entretien –, plus nous aurons tendance à poser des questions fermées.

Pour cela, notons ce qui marche : comment…, en quoi…, pourquoi…, qui…, quand…, dans quelles circonstances…, où… , combien…[20] ?

Une astuce consiste à commencer par « Ce que je veux savoir, c'est… », puis à l'enlever de la question finale. « Ce que je veux savoir, c'est ce qui lui fait penser que c'est un bon manager… », ce qui donne : « Qu'est-ce qui vous fait penser que vous êtes un bon manager ? »

À l'inverse, ayons en tête ce qui ferme nos questions, donc ne fonctionne pas : est-ce que… ; l'inversion verbe sujet : pensez-vous…, avez-vous…, voulez-vous…, etc.

Il s'agit d'une véritable gymnastique cérébrale que je vous invite à réactiver, qui vous sera d'une très grande utilité, bien au-delà du recrutement : négociation, gestion des conflits, entretiens professionnels…

Il va sans dire, mais c'est toujours mieux en le disant, qu'il convient de sortir des questions bateaux dont les réponses sont presque apprises par cœur : « Quelles sont vos qualités et vos défauts ? » (On se sera entraînés à citer des qualités en guise de défaut : « On dit de moi que je suis trop déterminé, que je ne lâche rien… »), « Quels sont vos loisirs ? » (On se sera entraînés à citer un sport individuel pour l'esprit de compétition, un sport collectif pour celui d'équipe et un loisir intellectuel pour ne pas passer pour un basique…).

Quelques idées à cultiver…

En guise de conclusion de ce chapitre que nous aurions appelé autrefois « sélectionner » les candidats – mais vous l'avez maintenant bien intégré, c'était avant… –, je vous invite à cultiver les idées suivantes…

20. J'ai essayé de vous embrouiller, mais certains auront reconnu le QQOQCPC, que d'autres connaissent sous le moyen mnémotechnique CQQCOQP…

Associer les managers et collaborateurs au processus de sélection

Nous ne le répéterons jamais assez, faisons du recrutement une affaire collective, tant à des fins d'appropriation que pour nous enrichir de nos complémentarités et nous assurer que nous parlons bien des mêmes choses.

Si le spécialiste RH, interne ou externe, a vocation à assurer l'ingénierie globale du processus de recrutement, ce sont bien les managers et collaborateurs qui sont le plus souvent les mieux placés pour savoir ce qu'il convient de découvrir, ce qui fait la complexité de leur job, les points qui se révèlent par expérience annonciateurs de réussites comme d'échecs.

Impliquons-les à partir des questions suivantes : qu'est-ce qui fait la complexité du poste ? Qu'est-ce qui ne s'apprend pas ? Pourquoi ? Comment le détecter ? Quelles sont les bonnes questions à poser en entretien ? Comment exploite-t-on les réponses ? Que pourrions-nous faire faire qui soit vraiment révélateur ? Qu'est-il important de dire aux candidats ?

Se tromper de manière homogène

Je le reconnais, mon esprit taquin aime bien jeter le trouble à travers cette formule ! Plus sérieusement, le recrutement consiste à une certaine forme de positionnement relatif des candidats les uns par rapport aux autres. C'est la raison pour laquelle plus nous ferons d'entretiens, plus nous verrons de candidats, plus nous affinerons nos analyses... sous réserve de rester humbles et de pratiquer l'écoute active.

Ainsi, il n'y a ni méthode miracle, ni méthode universelle. La « bonne » méthode sera celle que vous construirez avec vos équipes, que vous ajusterez au fil du temps.

Peu importe que vous fassiez une mise en situation avant l'entretien ou après. L'important est que vous conserviez le même processus, par type d'emploi. À défaut, vous prendrez le risque de comparer des choux et des carottes...

Pour être tout à fait complet, ce principe s'applique également à l'ordre et au moment auquel nous poserons les questions. Chacun comprendra que nous n'obtiendrons sans doute pas la même réponse à la question « quel est le manager qui vous a plus marqué ? » si elle est posée en tout début d'entretien, ou, au contraire, dans une seconde phase, après avoir pris connaissance du passé professionnel de notre interlocuteur.

Enquêter auprès des candidats

Afin, comme on le ferait avec ses clients, de recueillir leur avis sur ce qu'ils ont vécu pour parfaire nos processus. Rappelons que selon une étude déjà citée, plus de deux tiers des candidats indiquent avoir eu une expérience négative d'un processus de recrutement.

Accessoirement, cela les conduit, outre à retirer leur candidature, à véhiculer une image négative de notre entreprise auprès de leurs proches assurément et parfois même auprès d'une audience beaucoup plus large sur des sites dédiés à la e-réputation. L'un des plus connus est Glassdoor[21].

J'ai même vu une entreprise qui affichait, au même titre que l'indice de satisfaction de ses clients, l'indice de satisfaction des candidats ayant eu un entretien dans l'entreprise… S'il est tentant, et plus facile, de questionner les personnes que nous aurons finalement embauchées, il sera d'autant plus instructif de questionner les candidats que nous n'aurons pas retenus. Et si vous en faisiez l'objet d'un prochain stage pour un étudiant en RH ?

Adopter le GBS !

Le GBS est le « Gros Bon Sens » que nous gagnerons à adopter plus souvent. En l'espèce, il suffit ici de se poser une

21. https://www.glassdoor.fr

question simple : comment vivrais-je, moi, un processus de sélection de ce type ?

Vous avez la réponse si vous hésitez, ne serait-ce qu'un quart de seconde, pour répondre. Dans ce cas, il convient de réinterroger votre processus de manière constructive avec une question du type : que faudrait-il pour que je sois bien avec cela ? Plutôt que : qu'est-ce qui me gêne ? Ainsi, outre le fait de raisonner solution plutôt que problème, ce questionnement pourra nous conduire à en déduire que la gêne est générationnelle, ce qui ne suffit pas à l'écarter, particulièrement si vous voulez recruter les jeunes entrants sur le marché du travail. En revanche, si c'est parce que le processus n'est pas en phase avec les valeurs profondes de l'entreprise, alors, sans hésiter, il faut faire changer les choses, parfois radicalement.

Rencontres avec...

Je vous emmène à la rencontre de trois nouveaux dirigeants d'entreprises françaises qui proposent des outils innovants d'aide à la sélection des candidats.

JULIEN DARGAISSE – CEO d'InterviewApp

Bonjour Julien, merci de nous recevoir, Claude et moi. Nous sommes en train de revisiter son processus de recrutement pour trouver la perle rare. Il semble que l'entretien vidéo fasse désormais partie des outils à connaître. Mais concrètement, comment fonctionne InterviewApp ?

Le plus simplement du monde. Le recruteur détermine à l'avance les questions auxquelles le candidat devra répondre dans un temps donné. Il ne reste plus qu'à les saisir via une interface très intuitive et à envoyer le lien au candidat. Celui-ci peut s'enregis-

trer depuis un smartphone, une tablette, ou un PC de bureau, au moment où il le souhaite. Une interview dure entre quatre et douze minutes selon les emplois concernés.

C'est génial : cela paraît si simple…

C'est en effet le but. Côté entreprise, InterviewApp offre plusieurs avantages. C'est d'abord un énorme gain de temps, pour joindre les candidats et ensuite pour opérer une première sélection. Si elle devait se faire par téléphone, le recruteur pourrait joindre deux à trois candidats en une heure. Grâce à l'entretien vidéo différé, il pourra facilement en analyser une dizaine.

Un autre avantage est également de pouvoir partager en interne l'interview des candidats, au moment où chacun est disponible, avec la possibilité de mettre des commentaires de manière à compiler facilement et rapidement les avis des différents intervenants dans le processus de sélection.

Cela permet également d'apprécier ce que les candidats ont par nature du mal à exprimer à travers un CV : leur niveau d'élocution, l'énergie qu'ils dégagent, leur capacité à communiquer…

Comment est née l'idée d'InterviewApp ?

En 2010, à partir du constat que, bien que des candidats soient diplômés de la même école, qu'ils aient réalisé le même type de stage, voire qu'ils aient le même type de loisirs, certains obtenaient des entretiens et d'autres non, sans aucune raison objective apparente. Par ailleurs, j'étais moi-même étudiant au Mexique et j'étais confronté à la question de la distance pour passer mes entretiens. Au début, l'application était avant tout destinée à faciliter la vie des candidats !

Aujourd'hui, c'est toujours le cas, bien sûr, mais l'objectif est de permettre à nos clients (plus de 1 000 en 2020), de ne pas passer à côté du bon candidat qui n'a pas le bon diplôme ou le bon CV… a priori. Chacun connaît l'importance des soft skills.

On parle beaucoup d'intelligence artificielle aujourd'hui : est-elle présente dans InterviewApp ?

Tout dépend bien entendu de ce que l'on met derrière ce terme ! Actuellement, nous sommes dans une phase expérimentale, avec certains de nos clients, pour exploiter trois catégories de données : l'image, le son et la sémantique. S'agissant de l'image, nous nous refusons à la proposer à nos clients afin d'éviter toute forme de discrimination. Le son permet potentiellement de calculer un niveau de stress : toute la question est de savoir si cet indicateur est pertinent. C'est sans doute sur le champ de la sémantique que nous sommes le plus avancés avec près de 200 paramètres : le débit de parole, la longueur des phrases, le registre (soutenu ou familier) voire l'emploi de termes techniques. Ce dernier paramètre permet par exemple de sélectionner, dans une base de candidats, ceux qui emploient tel ou tel terme...

Il y a bien entendu des complexités techniques, mais le plus difficile reste sans aucun doute d'établir un lien de corrélation pertinent entre une donnée et un critère de sélection et de lui attribuer une dimension prédictive. C'est pour cela que j'évoquais la dimension expérimentale de l'IA dans une solution de type InterviewApp.

Pour toi, Julien, qu'est-ce qui a le plus évolué chez les recruteurs ?

C'est sans doute la prise de conscience qu'il est possible d'évaluer des candidats à distance, voire sans les rencontrer. Il y a une réelle démocratisation de l'entretien vidéo différé et un élargissement à de nouveaux publics : les alternants, les emplois d'exécution. Je note également que cela touche toutes les tranches d'âge : si les jeunes peuvent paraître plus à l'aise avec la vidéo, les profils plus expérimentés ont beaucoup de choses à raconter. Il est vraisemblable que la crise du Covid 19 accélère encore les choses...

Et quel est le modèle économique?

L'utilisation est bien entendu gratuite pour les candidats. C'est l'entreprise qui paie en fonction de la durée de l'interview, avec un système de facturation à la seconde: chez nous, le client ne paie que ce qu'il consomme! Chacun peut d'ailleurs faire une simulation à partir de notre site.

Tout cela est parfaitement clair. Si tu avais un ultime conseil à donner aux dirigeants, quel serait-il?

De rester ouverts car tout bouge tellement vite! Nous devons rester agiles. Il faut également parfois utiliser du low-tech. *Tu me questionnais sur l'IA: méfions-nous des phénomènes de mode et, surtout, gardons à l'esprit que la technique n'est pas magique... Le plus important est de se poser les bonnes questions, pour poser les bonnes questions aux candidats!*

Merci Julien de nous avoir fait découvrir les secrets de l'entretien vidéo.

Reproduit avec l'aimable autorisation d' InterviewApp
Pour en savoir plus: https://interview.app

NICOLAS MOREL – CEO de monkey tie

Bonjour Nicolas, merci de me recevoir avec mon ami Claude. Il est en pleine réflexion sur son processus de recrutement. J'ai pensé que tu pourrais lever certaines de nos interrogations. Tout d'abord, quelle est la promesse de monkey tie ?

monkey tie a été la première plateforme, en mars 2013, à développer le concept de matching affinitaire, c'est d'ailleurs une marque que nous avons déposée. Le concept est assez simple – en apparence tout au moins : analyser l'adéquation entre un emploi au sein d'une organisation et le profil d'un candidat (interne ou externe) à travers trois dimensions : sa personnalité, ses motivations profondes et sa dynamique comportementale. Comme tu le vois, cela dépasse largement l'analyse des compétences techniques.

Cela semble génial en effet, mais concrètement, comment est-ce possible ?

Nous combinons trois types de test. Le premier est basé sur le Big5, un test mondialement reconnu qui permet d'analyser cinq dimensions l'ouverture, la conscience professionnelle, l'extraversion, l'agréabilité et le névrosisme – ce que nous préférons appeler stabilité émotionnelle –, ce qui donne l'acronyme Ocean. Le deuxième permet d'apprécier les motivations à travers l'analyse des valeurs. Nous l'appelons entre nous le « Culture Fit ». Le troisième est issu d'un partenariat avec l'INC : il permet d'appréhender la dynamique comportementale d'un individu à partir de quatre facteurs : les moteurs de motivation profonde, l'assertivité, les irritants et la capacité d'adaptation.

Ensuite, nous établissons un niveau de corrélation entre le profil du candidat et le profil requis par type de poste. Nous avons établi des modèles types – des gabarits – que nos clients ont même la possibilité d'adapter au contexte de leur organisation.

Pourquoi avoir développé ce type d'outils?

Nous avions une conviction profonde, renforcée par une étude que nous avons réalisée et qui montre que le « savoir-être » des candidats était déterminant dans 80 % des échecs de recrutement et, qu'inversement, ces qualités sont au cœur du succès des candidats qui, ensuite, réussissent le mieux. La prise en compte de ce « savoir-être » est donc essentielle. Nous voulions mettre à disposition des dirigeants, des services RH, des prestataires de recrutement, un outil qui permette à tous de fiabiliser leur analyse grâce à une approche dont la validite est statistiquement démontrée. À ce jour, plus de 10 000 personnes par mois réalisent ce test et en valident les tendances ainsi révélées.

Ok, c'est parfaitement clair, merci. Comme tu as, de fait, une vision sur le processus global de recrutement, peux-tu nous dire ce qui a fondamentalement changé ces dernières années?

La première tendance, qui est à l'origine de nos échanges, est bien entendu la digitalisation du recrutement, dans toutes ses phases. Le nombre de start-up est considérable. Certaines tendances semblent durables: les techniques de matching *affinitaire, les job-boards, les outils d'entretien vidéo différé.*

La seconde est l'importance de la prise en compte de ce qu'on appelle l'expérience candidat, sous réserve, bien entendu, que l'on accorde la même importance à l'expérience collaborateur: il ne sert à rien de recruter si l'on ne sait pas motiver et fidéliser ses équipes.

Pour conclure cet échange, quels conseils pourrais-tu donner aux dirigeants?

S'intéresser de près à leur processus de recrutement et le questionner régulièrement car c'est vraiment, mais ils le savent tous, un enjeu stratégique pour les entreprises. Un second conseil est d'être ouverts aux différentes techniques, pour les combiner. Un point essentiel est d'en comprendre la philosophie et de pouvoir les tester avant de les utiliser. C'est d'ailleurs ce que nous proposons à nos clients, chez monkey tie.

Merci Nicolas pour ces conseils précieux!

À titre d'illustration, voici l'interface proposée par monkey tie. Le recruteur dispose, pour chaque campagne de recrutement, d'une représentation graphique de l'adéquation entre le profil du candidat et le profil cible recherché.

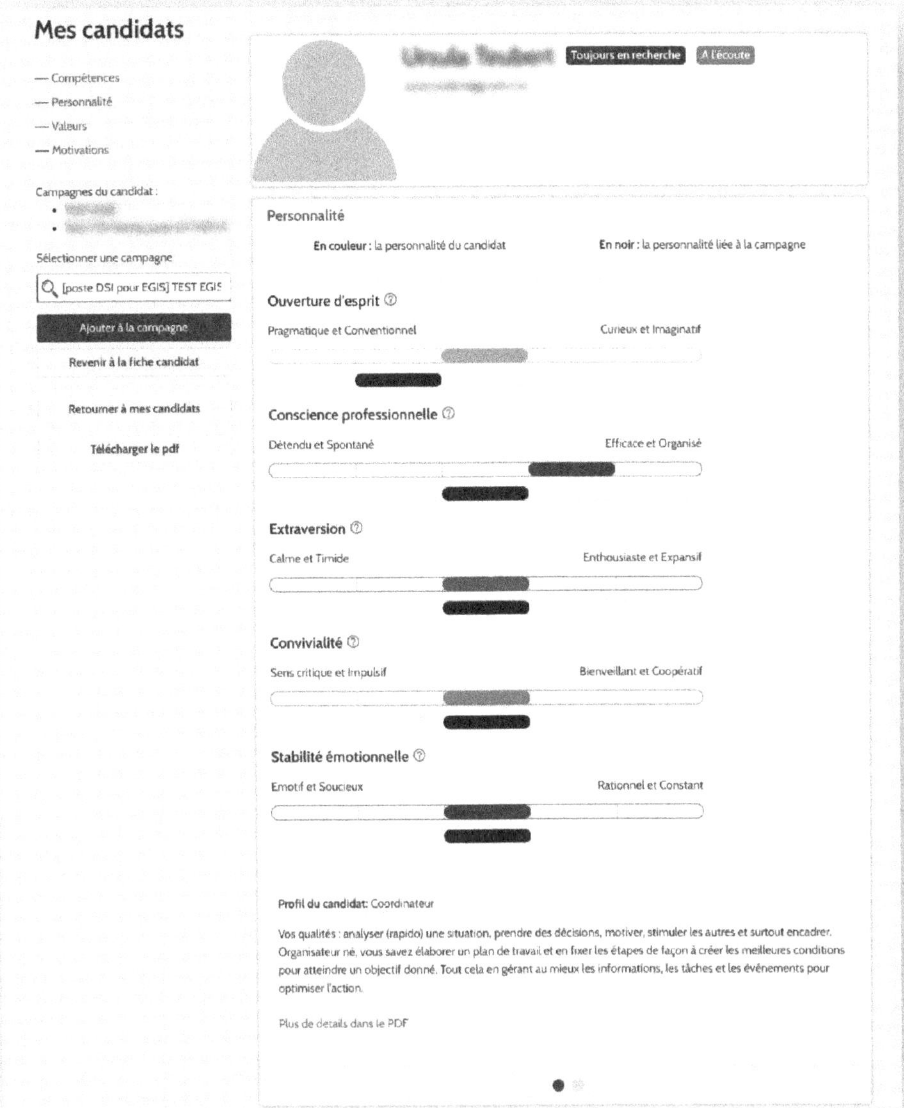

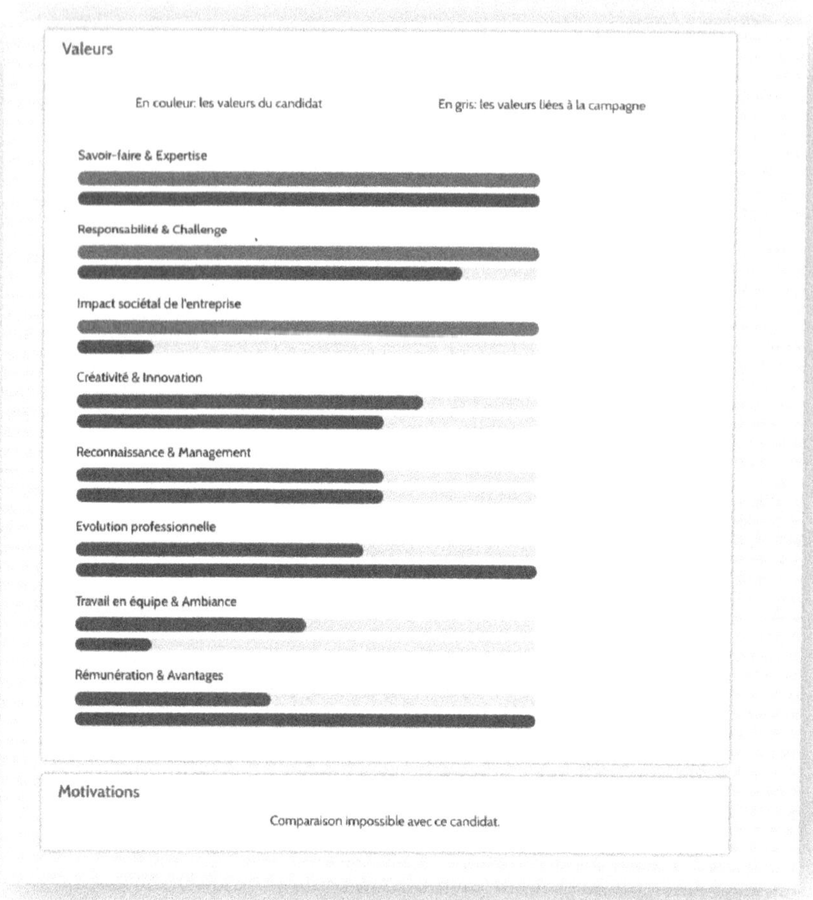

Reproduit avec l'aimable autorisation de Nicolas Morel
Pour en savoir plus : https://www.monkey-tie.com/

ALISSON FOUCAULT – Dirigeante fondatrice de UniVR Studio

Bonjour Alisson, merci de nous accorder un peu de ton temps. Mon ami Claude est en pleine réflexion sur son processus de recrutement avec une question qui le taraude : comment être sûr d'un candidat ? J'ai pensé que ton témoignage était particulièrement intéressant. Tout d'abord, quelle est la promesse d'UniVR Studio ?

UniVR Studio offre à ses clients, grâce à la réalité virtuelle, des outils pour accélérer l'acquisition de connaissances et, par extension, pour vérifier les compétences et le niveau de compréhension de consignes dans le cadre du recrutement.

Concrètement, comment cela fonctionne-t-il ?

Il s'agit d'immerger – grâce à un casque de réalité virtuelle et des capteurs pour les mouvements – un candidat ou un apprenant dans un univers avec lequel il va réagir et interagir, sans danger évidemment, face à des scénarios préalablement intégrés. Ce sont ses propres réactions qui vont l'emmener vers tel ou tel type de dénouement...

Mais c'est de la science-fiction !

Pas du tout, c'est maintenant une réalité. Nous avons développé deux approches. La première, sous la forme de solutions « catalogues », rend cette technologie accessible à des PME grâce à un système de licence annuelle. Pour autant, comme elles ont été développées par des experts du domaine, elles sont aussi pertinentes qu'efficaces. La seconde, sur mesure, est plutôt destinée à des grosses structures qui peuvent ainsi développer de réels avantages concurrentiels.

Mais alors, quelles applications en matière de recrutement ?

Elles sont multiples. De façon basique, cela permet à un candidat de découvrir, par immersion, la réalité d'un métier, d'un environnement de travail.

Une deuxième utilisation est de vérifier les compétences techniques et/ou comportementales d'un candidat dans une situation donnée. Nous sommes d'ailleurs en train d'aller plus loin et d'élaborer des scénarios qui permettront, par exemple, d'observer la réaction d'un RH devant annoncer son licenciement à un collaborateur.

Une troisième utilisation est de vérifier la présence de fondamentaux avant d'investir en formation sur un candidat qui ne serait pas directement opérationnel. Avant de former un soudeur, nous pouvons observer la réalité de son intelligence spatiale qui lui permet de travailler en trois dimensions.

Enfin, s'agissant de l'intégration, l'apprentissage par réalité virtuelle permet de rendre les collaborateurs encore plus rapidement opérationnels qu'avec des solutions classiques de type formation et/ou tutorat. Cela permet donc d'accélérer la qualification de ses salariés en diminuant très fortement les contraintes, qu'elles soient matérielles ou liées à la disponibilité des différents intervenants.

Bien entendu, dans toutes ces applications, il ne s'agit pas de donner le pouvoir à la machine ni à une quelconque intelligence artificielle. Il s'agit de donner au recruteur de nouveaux moyens d'observation et de construire avec les formateurs des outils pour faire vivre des expériences réellement apprenantes.

Dis donc, Alisson, avec cela, on change vraiment de monde…

C'est surtout le monde qui change, notamment en matière de recrutement. Aujourd'hui les salariés cherchent à donner du sens, sont très sensibles à l'équilibre entre vie professionnelle et vie personnelle et, puis surtout, contrairement à la génération de mes parents – la vôtre me semble-t-il –, ils n'envisagent plus de faire carrière dans leur entreprise. Ils sont beaucoup plus dans une logique de projet, de mission. On ne peut quand même pas dire qu'ils ont une date limite d'utilisation, mais cela renforce l'importance de les intégrer rapidement et efficacement !

Et tout cela est accessible aux PME/PMI ?

Oui, dès à présent et cela le sera de plus en plus dans les années qui viennent.

Waouh, je ne sais pas ce qu'en pense Claude, mais pour ma part, je suis très heureux de t'avoir rencontrée. Pour conclure cet échange, si tu avais un ultime conseil à donner aux dirigeants, quel serait-il ?

De bien soigner le départ de leurs collaborateurs ! En effet, c'est une autre évolution du marché de l'emploi. Compte tenu de cette approche « projet », les mouvements seront plus nombreux et certains collaborateurs sont susceptibles de revenir pour un nouveau projet ou parce qu'ils se seront rendu compte, que, finalement, l'herbe n'était pas plus verte en face. J'ai déjà eu un cas au sein de mes équipes. Chacun a apporté lors de son passage dans l'entreprise, il n'y a donc pas de raison d'être moins chaleureux au départ qu'à l'arrivée !

Merci Alisson pour toute cette matière à réflexion !

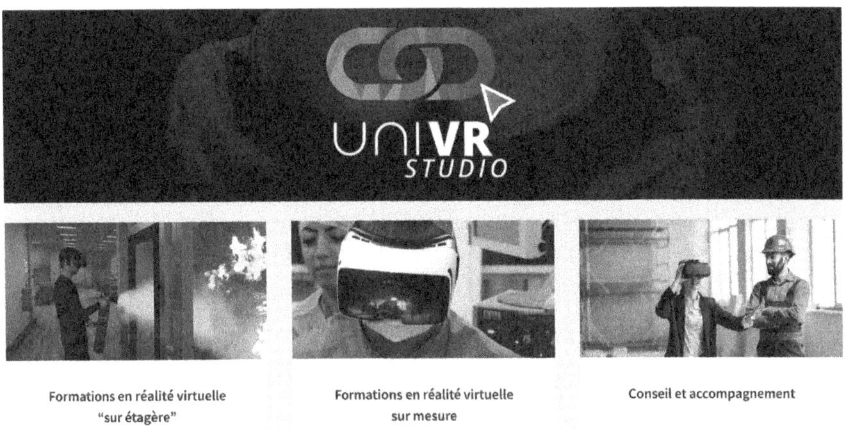

Reproduit avec l'aimable autorisation de UniVR Studio
Pour en savoir plus : https://www.univrstudio.com/

Les outils

Fiche de construction d'une mise en situation

Vous trouverez ici un « fond de tarte » pour bâtir vos propres mises en situation.

<table>
<tr><th colspan="2">Fiche de conception d'une mise en situation</th></tr>
<tr><td>Emploi concerné</td><td>Contrôleur de gestion</td></tr>
<tr><td>N° version : v2
Date MAJ : avril 2020</td><td>Concepteurs : PB – EDR</td></tr>
<tr><td colspan="2">Ce que nous voulons tester :
– Capacité à faire s'approprier les résultats des indicateurs par la production.
– Capacité à traiter les objections dans un contexte « tendu ».</td></tr>
<tr><td colspan="2">Scénario :
Le candidat dispose d'indicateurs (TRS, % pertes et absentéisme de chacun des 3 sites industriels du groupe). L'un des 3 a des résultats très en-dessous de ses collègues. Le candidat doit présenter ces données au patron de l'atelier (joué par le responsable de formation) qui se montre très fermé, ne répond qu'aux questions ouvertes et engage le dialogue par : c'est très facile de critiquer quand on est le cul bien au chaud dans un bureau !</td></tr>
<tr><td colspan="2">Ce que nous apprécierons :
– Les précisions préalables demandées par le candidat avant la mise en situation.
– La manière d'engager l'échange.
– Le traitement des objections
– Le résultat obtenu.
– L'analyse que le candidat fera, après coup, de sa prestation.</td></tr>
<tr><td colspan="2">Modalités : Durée : 30' : 15' MES + 15' debrief
☒ Face-à-face ☐ Mail ☐ Visioconférence ☐ Réalité virtuelle
☐ Prestataire / service tiers :</td></tr>
</table>

Quelques questions pour amorcer la pompe

Pour être en phase avec l'esprit « trucs et astuces » que je souhaite donner à cet ouvrage, voici quelques questions qui vous permettront d'amorcer la pompe d'une réflexion collective avec vos équipes, ainsi que suggéré précédemment :

Pour découvrir le parcours, auprès de chaque employeur...

- Comment était organisé votre équipe/service/direction ?
- Quels ont été vos réalisations/résultats personnels ?
- Qu'avez-vous apporté qui soit resté après votre départ ?
- Qu'avez-vous appris qui vous soit encore utile à ce jour ?
- Pourquoi et comment avez-vous quitté votre employeur ?

Pour creuser la situation actuelle...

- Qu'est-ce qui fait la complexité de votre métier ?
- Quelles situations illustrent vos compétences/votre spécificité ?
- Qu'avez-vous eu de plus difficile à gérer ?
- Avec un budget illimité (temps et argent) qu'aimeriez-vous suivre comme formation ?
- Comment vous voyez-vous dans dix ans ? Qu'allez-vous faire pour cela ?

Pour comprendre le mode de fonctionnement...

- Quelle expérience vous a le plus marqué et pourquoi ?
- Quel manager vous a le plus marqué et pourquoi ?
- De quoi êtes-vous-le plus fier ?
- Qu'est-ce qui pourrait vous faire refuser un poste ?
- Si je devais associer trois qualificatifs à votre profil, quels seraient-ils ?

Avec un commercial…

- Si vous deviez me vendre quelque chose, qu'utiliseriez-vous comme type d'arguments ?
- À quoi pensez-vous que je sois particulièrement sensible ?
- Dans quelles situations renonceriez-vous à conclure un marché ? Pourquoi ?
- Comment organisez-vous votre action commerciale ?
- Comment mesurez-vous votre effort commercial ?

Avant de présenter l'entreprise et le poste…

- Que savez-vous de notre société ?
- Quels sont, pour vous, nos points forts et nos points faibles ?
- Que pensez-vous que notre entreprise puisse vous apporter ?
- Pour quelles raisons choisir notre structure plutôt qu'une autre ?
- Que retenez-vous de vos entretiens précédents ?

Après avoir présenté l'entreprise et le poste…

- Quels sont pour vous les deux ou trois points clés de ce poste ?
- Comment organiseriez-vous votre prise de fonction ?
- Qu'avez-vous besoin de savoir de plus ?
- Qu'avez-vous pensé de notre manière de faire mutuellement connaissance ?
- Que vous attendiez-vous à faire que nous n'ayons fait ?

Une bonne pratique consiste à associer les parties prenantes les plus proches à travailler sur les questions à poser en entretien. C'est une façon d'avoir une vision partagée de l'emploi et de profiter de la diversité des différents interlocuteurs.

Check-list : mon processus de sélection est-il pertinent ?

	Plutôt	
	Oui	**Non**
La conception…		
Le processus de sélection est fonction de l'emploi recherché.	☐	☐
Le manager direct a été associé à la conception du processus.	☐	☐
Le lien entre les étapes du processus et les critères de sélection est avéré.	☐	☐
Les modalités de sélection sont en phase avec la culture de la « cible ».	☐	☐
La durée du processus est en phase avec la culture de la « cible ».	☐	☐
À propos du questionnement…		
Les questions posées sont des questions ouvertes.	☐	☐
La manière d'exploiter les réponses est explicite et partagée entre les recruteurs.	☐	☐
Le lien entre la question et la capacité à occuper l'emploi est avéré.	☐	☐
La nature des questions véhicule une image positive de l'organisation.	☐	☐
Les questions « bateaux » (quels sont vos qualités et défauts…) sont éliminées.	☐	☐
Parce qu'un dispositif n'est jamais figé…		
Le lien entre le processus et les résultats obtenus est régulièrement analysé.	☐	☐
Les nouveaux embauchés sont questionnés sur leur expérience candidat.	☐	☐
Les candidats non retenus sont questionnés sur leur expérience candidat.	☐	☐
Le retour d'expérience des utilisateurs internes est sollicité, consolidé, analysé.	☐	☐
Le processus recrutement est abordé, au moins une fois par an, par les dirigeants.	☐	☐

CHAPITRE 5

C'EST QUAND C'EST FINI QUE TOUT COMMENCE !

Champagne !

C'est ainsi que Claude répond au « allô » de Dominique…

« Ça y est, grâce à tes conseils, je viens de signer un accord d'embauche. Retrouvons-nous pour fêter cela autour d'une coupe de champagne ! Je vais enfin pouvoir passer à autre chose…

– Pas si vite, en matière de recrutement, c'est quand c'est fini que tout commence ! Notre expert, Pierre Bultel, a bien insisté sur ce point. Il m'a même dit, quand j'ai fait la comparaison entre l'intégration et le fait de transformer un essai au rugby, que cela n'avait rien à voir. En effet, au rugby, si tu rates la transformation, tu conserves quand même les points de l'essai. À l'inverse, en matière de recrutement, si tu rates l'intégration, tu perds tout, y compris les points de l'essai. L'analogie, c'est plutôt dans les Bronzés, *tu sais, Jean-Claude Dusse, celui qui ne conclut jamais !*

– Décidément, toi, tu ne lâches jamais l'affaire ! Je t'offre quand même le champagne, comme cela, tu pourras développer… »

Les enjeux de l'intégration

Avant d'entrer dans la dimension pratique de cette phase cruciale du recrutement, prenons le temps d'en apprécier trois enjeux. L'idée est que soyez encore plus déterminé à consacrer autant d'énergie dans cette étape que dans les précédentes.

La confrontation avec la réalité

Au cours des étapes précédentes, le désormais collaborateur se sera construit une image, aura commencé à se projeter, à imaginer une réalité à partir de son expérience candidat.

Elle doit être a priori bonne – sinon vous ne l'auriez pas embauché –, sauf à ce que le candidat n'ait pas été en situation de refuser votre offre, ne fût-ce que pour des contraintes financières ou s'il est venu chez vous pour fuir son précédent employeur… Mais cette projection est-elle juste ou « survendue » ?

C'est ce qui me fait dire que si nous cherchons bien entendu à séduire des candidats, gardons-nous de leur vendre sur plan quelque chose qui n'existe pas : il y a forcément un moment où ils vont le découvrir et en tirer les conséquences qui s'imposent.

Soyons également conscients que si le candidat s'est construit une image neutre, voire légèrement négative, le biais de confirmation – un des 220 biais cognitifs répertoriés à ce jour – jouera en votre défaveur.

Le biais de confirmation est un mécanisme psychologique, le plus souvent inconscient, qui conduit notre cerveau à interpréter les signaux qu'il capte pour conforter (confirmer) ses a priori. Ainsi, le même signal peut être interprété de façon diamétralement opposée. Le fait qu'un nouvel embauché, par exemple, pose beaucoup de questions lors de la première semaine, sera interprété comme un signal positif pour le recruteur enthousiaste, alors que celui qui a fait un choix par défaut aura tendance à l'interpréter comme un manque notoire de connaissance ou de difficultés de compréhension.

Il faut donc que cette confrontation avec la réalité soit préparée, positive et en phase avec ce qui va perdurer dans les semaines et mois qui suivront.

Profiter d'un regard neuf

Tout nouvel embauché dans l'entreprise est l'opportunité de disposer d'un regard neuf, qu'il s'agisse d'un intérimaire ou d'un membre de l'équipe de direction. Tout l'enjeu consiste à l'exploiter. C'est l'objectif du rapport d'étonnement.

Pensons bien à en distinguer la date de commande des modalités de livraison. En effet, un rapport d'étonnement se commande dès le premier jour : ce qui est étonnant le premier jour ne le sera peut-être plus le deuxième et encore moins au bout d'un mois. Pourtant, il est essentiel de capter que cela a été le cas car, derrière ce qui est étonnant, nous aurons deux réalités différentes.

Il y a d'abord ce qui est étonnant sur la forme mais important sur le fond, ce qui signifie qu'il convient de faire progresser notre communication sur ce point.

Il y a aussi ce qui est étonnant, à juste titre. C'est souvent le cas de processus ou procédures hérités du passé et/ou des prédécesseurs. Mais si, vous savez, celles que l'on justifie par « on a toujours fait comme cela » ! Mais ça, c'était avant. Dans ce cas, le regard neuf devient l'opportunité de faire évoluer de manière significative ces pratiques.

Sur le plan de la méthode, il est important de demander au nouveau collaborateur de noter au fil de l'eau tout ce qu'il trouve « chouette » dans l'entreprise. De nombreuses organisations possèdent en effet des pratiques réellement différenciatrices, mais qui ne sont plus valorisées car chacun les trouve « normales ». Seul un regard extérieur peut les mettre en évidence... Autre avantage, le fait de commencer par observer ce qui va bien ne changera en aucune façon ce qui fonctionne moins bien, mais modifiera assurément l'approche qu'en aura l'observateur.

Autre point important, il est préférable d'utiliser le terme «étonnant», qui est neutre. Demander ce qui est bien ou mal introduit une notion de jugement de valeur qui est potentiellement désagréable pour l'organisation observée. Si j'affirme que quelque chose est mal, j'incite mon interlocuteur à se justifier en campant sur ses positions. Si je lui indique que la même chose est étonnante, je l'invite à réfléchir pour comprendre mon point de vue, à dialoguer pour expliquer. Nous entrons alors dans une spirale vertueuse. Par ailleurs, demander au nouveau collaborateur d'émettre un jugement le place dans une situation délicate. Nous y reviendrons, car il s'agit du troisième enjeu de l'intégration.

Voici donc pour la commande du rapport d'étonnement, voyons maintenant la question de ses modalités de livraison. Si nous embauchons une personne au premier niveau d'exécution dans un métier technique, contentons-nous de lui demander de noter ses réflexions, façon livre de bord sur un cahier. Nous en détaillerons le contenu de manière informelle au bout d'une quinzaine de jours autour d'un café. Le formalisme n'a aucune importance dans ce cas.

Si nous recrutons un membre de l'équipe de direction, la livraison du rapport d'étonnement pourra prendre la forme d'une présentation devant l'équipe de direction, au bout de deux ou trois mois, avec proposition du plan d'action qui en découle pour valoriser et renforcer ce qui fonctionne bien et pour améliorer et/ou réinventer ce qui doit l'être.

Voici un exemple de fiche pour initier le rapport d'étonnement, à remettre au nouveau collaborateur, en guise de «pense (pas) bête», pour rappeler le cadre de ce qui peut s'apparenter à une mission d'audit:

PBRH
comprendre & motiver

Etonnant, non ?

Nous sommes très heureux que vous nous ayez rejoints ! Vous disposez d'un regard neuf sur notre organisation, ce qui le rend précieux. Aussi, votre mission, puisque vous l'acceptez et nous vous en remercions ☺, consiste à noter au fil de l'eau :

1. **Ce que vous trouvez "chouette", "bluffant", "efficace"... ou tout simplement "bien" !** Cela peut nous permettre d'identifier de réels facteurs de différenciation que nous ne voyons plus en tant que tels... puisqu'ils font partie de notre quotidien !

2. **Ce que vous trouvez "étonnant"** au point de vue de nos processus, modes de fonctionnement, documents, outils, etc. Même si l'étonnement cesse, conservez en la trace : cela veut probablement dire qu'il faut a minima que nous améliorions notre communication ! Si votre étonnement persiste, notez-le pour que nous en discutions !

3. **Les propositions et idées** que ces observations vont probablement générer. C'est une possibilité, non une obligation. Ce que vous nous direz en réponse aux points 1 et 2 sera déjà précieux !

Mission "découverte" initiée le :
Date de restitution prévue :

Modalités :
(échanges informels / rapport écrit / présentation à l'équipe...)

Trame pour un rapport d'étonnement...

La période d'essai : une situation de risque

Nous l'évoquions plus haut : demander au nouvel embauché d'émettre un jugement le place potentiellement dans une situation délicate. Je formule en effet l'hypothèse qu'il existe un cycle dans la manière de vivre son poste. C'est ce que j'ai illustré avec le schéma suivant :

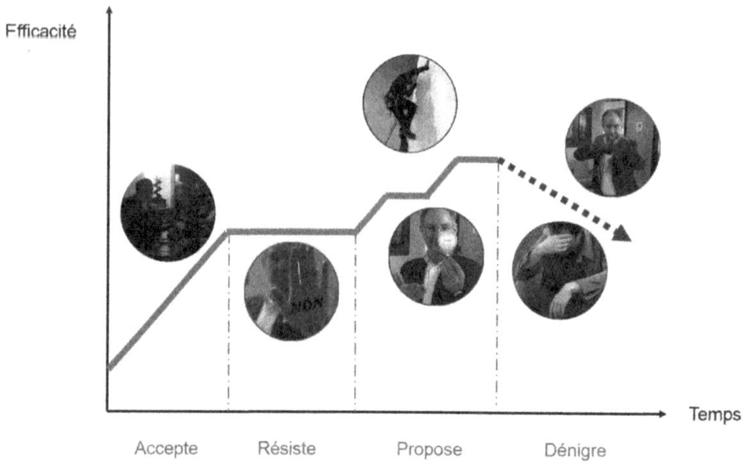

Dans la première phase, le collaborateur accepte tout, c'est pour cela que nous le voyons travailler tard le soir. Il accepte tout car, en période d'essai, la crainte potentielle est de se faire débarquer. C'est d'ailleurs dans cette phase que se mettent parfois en place les mécanismes odieux du harcèlement.

Cette première étape est très importante car elle détermine la durée de la deuxième, qui se caractérise par de la résistance au changement. Nous pouvons facilement le comprendre : plus nous aurons eu du mal à nous adapter à un nouvel environnement, moins la perspective de changer sera emballante !

Troisième étape, la phase d'enrichissement de l'emploi au cours de laquelle le collaborateur va proposer des solutions, être moteur au sein de son équipe. C'est ici que se fait la différence entre l'emploi tel qu'il est décrit et l'emploi tel qu'il est effectivement tenu. Chacun pourra l'observer lorsqu'il y a plusieurs titulaires du même emploi.

La quatrième phase n'est pas une fatalité, mais elle constitue un risque. C'est l'un des enjeux de dispositifs tels que l'entretien professionnel ou encore l'entretien d'appréciation afin, précisément, d'éviter que le collaborateur ne tombe dans cette dernière phase qui se caractérise par du dénigrement, passif sous forme de déprime voire de *burn-out*, actif lorsqu'on fabrique ainsi du mauvais syndicalisme. Je n'irai pas plus loin ici car ce simple thème mériterait à lui seul un ouvrage.

Je reviens donc à l'origine de notre raisonnement : adapter son management au fait que le nouveau collaborateur se trouve dans une situation incertaine, risquée, potentiellement anxiogène. C'est l'une des raisons pour lesquelles, plus que jamais, il est essentiel lorsque nous dialoguons, d'utiliser des questions ouvertes (comme pour l'entretien de découverte).

Entre l'accord d'embauche et l'arrivée effective

Une nouvelle fois, préparation rime avec sécurisation et c'est à cela que va servir cette période avant l'intégration effective dans l'entreprise. Cette durée peut bien entendu varier de façon considérable, selon que l'on vient de recruter une personne déjà en poste ou libre comme l'air...

La théorie des cartes postales

Côté recruteur, l'affaire est classée, c'est d'ailleurs pour cela que Claude a déjà sorti le champagne. Mais côté « nouvel élu », les choses sont-elles aussi claires ? Rien de moins sûr, d'autant que les candidats les plus dynamiques auront – et qui pourrait les en blâmer ? – plusieurs fers au feu. Rien ne dit que des propositions plus alléchantes ne viennent pas jeter le doute… Je vous sens vous enflammer : « Mais ils ont donné leur accord ! » Certes, tout comme nous qui, bien qu'ayant dit à un commercial que nous allions opter pour son offre, en avons finalement choisi une autre à la dernière minute…

C'est tout l'enjeu de ces « cartes postales » ou signaux de bienvenue que nous pourrons adresser au nouveau collaborateur entre l'accord d'embauche et le jour de son intégration effective. Ces messages doivent conforter l'impression positive faite au cours du processus de découverte… sans être « *too much* ». Au niveau phasage, donc, nous n'excéderons pas un message par semaine.

Ces cartes postales peuvent prendre la forme de :

- un SMS de la part du manager immédiat ;
- une demande de renseignements administratifs de la RH pour préparer l'adhésion à la mutuelle de l'entreprise ;
- un envoi du dernier exemplaire de la *newsletter* avec un message personnalisé ;
- des précisions pratiques sur l'organisation du jour J : heure d'accueil, lieu ;
- une invitation à un événement organisé par l'entreprise ;
- une invitation à collecter les questions auxquelles nous devrons répondre lors de l'intégration dans l'entreprise…

Vous avez compris le principe, je suis convaincu que vous saurez enrichir cette liste par définition non exhaustive !

Le focus sur l'essai plutôt que sur la période

La plupart des recruteurs que j'ai croisés déplorent une période d'essai trop courte. L'argument est toujours le même :

ce n'est pas en trois mois que l'on peut savoir ce que les gens valent! Et si cette formule était révélatrice d'un état d'esprit? Et si à travers cette formule, nous ne faisions que traduire notre méfiance a priori… puisque nous ne faisons pas confiance a priori.

Chacun de nous a pu croiser deux types de managers: ceux qui nous ont bien fait sentir que cela n'était pas joué (chez nous, la confiance cela se mérite…) et ceux qui nous ont fait a priori confiance, tout en le montrant, concrètement, par leurs attitudes. Lesquels avez-vous préférés?

J'arrête de vous titiller et je reviens au concret. Que se cache-t-il derrière la phrase «Ce n'est pas en trois mois que l'on peut savoir ce que les gens valent?» Tout simplement, l'observation des attitudes effectives face à plusieurs situations données. D'où l'idée de se focaliser non plus sur la période, mais bien sur ce qu'il convient d'«essayer», ou plutôt d'observer.

Dans certains cas, il «suffira» d'observer les résultats effectifs obtenus par application des consignes internes et/ou utilisation des outils de production (au sens large): le développement d'un module d'une application, l'utilisation d'une machine à commande numérique, la réalisation d'un câblage…

Dans d'autres cas, plus qu'un résultat effectif, ce sont des postures et attitudes que nous devrons observer: le manager qui organise spontanément une période d'immersion au contact des différentes activités de son équipe, la manière dont un collaborateur d'un service support va commencer par s'intéresser aux activités de ses «clients» internes, la nature des questions posées…

Enfin pour les commerciaux, notamment lorsque le cycle de vente est long, l'enjeu est de savoir à quoi correspond dans son activité le fait de «bien semer»: à quelques rares exceptions, lorsque nous semons bien, la récolte est bonne! Cela peut être le soin apporté aux offres, la manière de personnaliser une offre, les actions de fond engagées via les réseaux sociaux, la manière de conduire une phase de découverte chez un prospect…

Comme lorsque nous avons préparé la phase de découverte, la clé consiste à savoir ce qu'il convient d'observer. Nous nous donnerons ainsi plus de chances de le voir… Pour passer de l'idée à l'action, vous trouverez à la fin de ce chapitre un outil pour construire votre planning d'intégration.

Parrain-tuteur-mentor : de la désignation au volontariat

Troisième aspect de l'intégration : l'accompagnement que l'on peut proposer au nouveau venu. C'est l'occasion de distinguer trois dispositifs.

> Le parrain

Étymologiquement, le parrain est celui qui protège, celui que l'on peut aller questionner sans crainte d'être jugé. Appliqué au recrutement, le parrain est celui ou celle qui va faciliter l'intégration dans le collectif et se rendre disponible pour répondre à toutes les questions que le nouveau collègue peut se poser, des plus pratiques aux plus « philosophiques ». À défaut de savoir répondre immédiatement, le parrain saura toujours vers qui se renseigner ou adresser son collègue. Idéalement, le parrain n'a aucun lien hiérarchique avec son « filleul », pour éviter de mettre un enjeu dans la relation. Enfin, s'il est pratique que le parrain soit dans la même équipe, il peut être intéressant, notamment lorsqu'on veut favoriser la transversalité, de le choisir dans un autre service, tout en restant sur le même site, bien entendu.

> Le tuteur

À la différence du parrain, le tuteur a une mission avec un objectif précis : transmettre des connaissances, un savoir-faire. Toute la difficulté, particulièrement pour les tuteurs «techniques», est de faire faire plutôt que montrer. C'est une des raisons d'ailleurs pour lesquelles il est judicieux de former ses tuteurs. L'expérience acquise en la matière me permet de vous dire que, avec des collaborateurs bien formés à cela, le tutorat est une excellente opportunité de se reposer les bonnes questions sur ce que doivent être les bonnes pratiques, c'est un bon moyen d'intégrer des profils différents, inattendus, atypiques et c'est enfin un bel outil de valorisation des collaborateurs que l'on aura choisis pour cette mission de tutorat.

Le tuteur est parfois appelé à se positionner sur la transformation, ou non, de la période d'essai et l'embauche définitive du collègue tutoré.

Notons que dans le cadre de contrats de professionnalisation, le tutorat et la formation des tuteurs sont obligatoires pour bénéficier des financements associés.

Rien n'interdit non plus de penser à valoriser, concrètement, la mission du tuteur. Certaines entreprises attribuent des primes pour cela. D'autres offrent des contreparties plus symboliques : une récupération en temps, l'accès à des formations particulières ou à des salons/expositions réservés à quelques collaborateurs de l'entreprise.

> Le mentor

Jusqu'ici plutôt réservé aux grandes entreprises, le mentorat est souvent un dispositif destiné à valoriser les «hauts potentiels» issus de formations prestigieuses. Le plus souvent membre de l'équipe de direction, le mentor suit le parcours de son «poulain», lui distille ses conseils pour booster sa carrière, échange avec lui sur les perspectives stratégiques de l'entreprise. C'est possiblement très valorisant pour la jeune pousse… et très utile pour le mentor qui peut ainsi, une fois par trimestre par exemple, avoir quelques notes d'ambiance des équipes. Ce dispositif, dans une version moins élitiste que celle que je viens de décrire, peut trouver tout son sens dans des structures intermédiaires.

Quelle que soit la combinaison choisie, l'un des points clés pour la réussite de l'accompagnement est de passer de la désignation au volontariat. Si vous saviez le nombre de tuteurs que j'ai croisés à qui leur manager n'avait même pas pris le temps d'expliquer que s'il les avait choisis, c'était en raison de leurs qualités (techniques, humaines, relationnelles, pédagogiques). Comme le dit la formule : ce qui n'est pas dit n'existe pas ! Qu'il est dommage de passer à côté de cela… Cela suppose aussi de laisser au collaborateur la possibilité de refuser cette mission, sans le lui faire « payer » et avec un objectif, celui de comprendre la raison du refus : révélateur d'un contentieux larvé, crainte de ne pas être à la hauteur, perception que les efforts ne sont faits que dans un sens…

La préparation du poste de travail

C'est devenu un basique, mais je croise encore malheureusement de nombreuses organisations dans lesquelles il reste à passer du stade de l'idée évidente à sa concrétisation.

C'est ce que nous ferons en veillant à ce qu'au jour de l'intégration, le nouveau collaborateur dispose d'un poste de travail fonctionnel, des équipements de sécurité associés et des outils de communication liés à l'emploi : adresse mail, cartes de visite…

J'ai en tête un dirigeant qui témoignait attendre la fin de la période d'essai pour remettre des cartes de visite définitives. Si l'on peut comprendre qu'il soit agaçant – voire peu écoresponsable – de mettre un lot de cartes de visite au broyeur, il est intéressant de se placer du côté du nouveau collaborateur : en quoi cette attitude génère-t-elle la confiance ? En plus, statistiquement, nous avons beaucoup plus de cas dans lesquels le fait d'avoir ses cartes de visite dès le premier jour sera perçu comme une belle attention, ce qui renforcera l'engagement et l'entrée dans la spirale vertueuse d'une collaboration fructueuse.

Le jour *J*, à l'heure *H*

À l'heure *H*. Tiens, au fait, en avez-vous convenu? Eh bien oui, suis-je bête, puisque vous venez de lire avec attention ce qui précède. Une autre précaution s'impose: se rendre disponible.

Culturellement, j'observe que la très grande majorité des intégrations se font en début de semaine, le lundi matin. Probablement pour faciliter la tâche de nos amis de la paie... Le lundi matin, c'est aussi souvent le moment où les managers sont le moins disponibles: traitement des urgences survenues le week-end pour ceux dont l'activité fonctionne «non-stop», lancement de la semaine auprès des équipes pour les managers de proximité, voire réunions de l'équipe de direction pour les cadres dirigeants.

C'est ce qui explique que parfois, faute de disponibilité, le nouveau collaborateur se retrouve confortablement installé, mais seul, avec pour mission d'ingurgiter les plaquettes commerciales, voire le manuel qualité de son entreprise. Ce n'est pas hyper-engageant, n'est-ce pas? Toute ressemblance ou similitude avec des situations existantes...

Et, si, tout simplement, cela commençait lundi après-midi, voire mardi matin si c'est plus confortable pour vous?

Quelques pistes pour faire la différence

Quand tout commence à la porte de l'entreprise

Qu'apprécions-nous particulièrement de la part des commerçants et/ou de nos fournisseurs habituels: l'accueil personnalisé! Comme je l'ai déjà écrit plus haut, nous pouvons largement nous inspirer, en matière de gestion des richesses humaines, des enseignements de l'expérience client.

Ainsi, il suffit de demander explicitement à la personne de l'accueil, à qui nous aurons préalablement communiqué une photo du nouveau collaborateur, de faire un accueil personnalisé. La nouvelle recrue sera ainsi accueillie par un « bonjour, Maxence, ravi de vous accueillir pour votre premier jour et bienvenue chez Labonneboîte ! Je me prénomme Camille et je préviens immédiatement de votre arrivée. Je suis déjà très heureuse de vous remettre votre badge d'accès… »

Convenons que c'est nettement plus engageant que d'avoir à se présenter à l'accueil, de commencer par donner sa pièce d'identité pour obtenir un badge visiteur…

Qu'est-ce que cela coûte, au fond ? Strictement rien si ce n'est un peu d'attention et d'organisation. Le retour sur investissement ne peut qu'être maximal.

Et si tout cela commençait par un déjeuner ?

L'expérience montre que le fait de partager un repas crée une ambiance particulière, le plus souvent chaleureuse, qui rend encore plus crédibles les messages qu'il est d'usage de véhiculer lors de l'intégration : « Nous sommes heureux de vous accueillir… », « Convenons tout de suite d'un mode de relation [utilisation du prénom voire tutoiement] en phase avec l'ensemble des collaborateurs », « Il n'y a, par définition, ni question idiote, ni question taboue », etc.

Présenter au fil des rencontres impromptues

En parcourant les locaux, ne serait-ce que pour aller sur le poste de travail/dans le bureau, il est vraisemblable que vous croisiez quelques personnes. C'est une bonne occasion de présenter le nouveau venu : « Bonjour Maxime, je suis heureux de te présenter Maxence qui rejoint aujourd'hui nos équipes en qualité de… Maxence, tu auras l'occasion de faire plus ample connaissance et de vérifier que la principale qualité de Maxime est… »

Ce faisant, nous faisons d'une pierre trois coups : nous facilitons la communication, nous aidons le nouvel embauché à mémoriser des prénoms en leur associant une qualité… et nous adressons un signe de reconnaissance positif au collaborateur concerné. Pas mal, non?

Proposer un portrait chinois

Plusieurs options sont possibles: le recruteur qui fait un portrait chinois bienveillant du nouvel embauché pour diffusion par mail aux équipes, ou pour affichage dans un journal interne, ou encore via une capsule vidéo sur l'Intranet de l'entreprise. Cela peut être aussi un portrait chinois – dont le «fond de tarte» peut être suggéré par l'entreprise – que le nouveau collaborateur réalise lui-même pour une diffusion selon le même type de modalités.

Le message vidéo du dirigeant

Ce peut être adapté quand il ne s'agit pas d'intégrer l'un de ses collaborateurs directs, bien sûr. Cela est particulièrement adapté pour les structures multisites. Sur le fond, il s'agit de souhaiter la bienvenue lorsqu'on n'est physiquement pas en situation d'accueillir.

Sur la forme, c'est un message vidéo de l'ordre d'une minute que l'on pourra diffuser via un lien dans le premier mail que recevra le collaborateur. L'idéal, pour être authentique, est d'en réaliser un pour chaque nouvelle recrue, mais dans une organisation dans laquelle les mouvements sont trop nombreux, il est facile, a minima, de personnaliser les messages en fonction des différents types d'emploi concernés.

Bien entendu, la liste n'est pas exhaustive, l'essentiel est, j'en suis certain, que ces pistes aient fait jaillir quelques idées nouvelles. Un seul garde-fou: l'alignement entre ce que vous allez mettre en œuvre et la culture incarnée par votre encadrement intermédiaire. Si elle est trop éloignée, commencez par leur faire faire un pas de côté pour engager la métamorphose…

Un livret d'accueil 3.0

Parmi les outils, classiques de l'arsenal du bon recruteur, nous retrouvons le livret d'accueil. L'idée ici est de le dépoussiérer pour le faire passer dans une nouvelle dimension, tant sur la forme que sur le fond.

Sur le fond, il s'agit de dépasser la fonctionnalité administrative à laquelle se cantonne la majorité des livrets papier : l'histoire de l'entreprise, l'organigramme, les renseignements administratifs de base, les droits et devoirs des salariés. J'exagère un peu, car on trouve parfois en plus la présentation de la politique RH, le catalogue de formation, voire une déclinaison des valeurs de l'entreprise.

L'idée est d'aller plus loin et de faire de ce livret d'accueil un véritable portail qui permette d'accompagner utilement l'intégration, avec une vraie logique de parcours, des points de passage obligés en fonction des emplois concernés, des quiz de validation des acquis…

Voici comment peuvent se présenter les choses. Le livret d'accueil commence par une courte vidéo de présentation du dirigeant pour remercier par avance le nouvel embauché de son implication. La personne en charge des RH présente ensuite la philosophie du livret d'accueil, voire son mode d'emploi qui peut être détaillé par le responsable formation s'il existe.

Outre un accès facile aux ressources documentaires utiles, le nouvel embauché pourra trouver une foire aux questions (FAQ) régulièrement posées par les nouveaux embauchés.

Il pourra également trouver une série de mini-témoignages vidéo intitulés « pour bien coopérer avec… ». Le responsable de la fonction considérée présente en quelques minutes (moins de trois minutes) la manière de bien fonctionner avec les achats, le marketing, la production, le SAV, le service support… en fonction de sa position dans l'entreprise.

Vient ensuite la logique de parcours de formation : cela pourrait être par exemple, ainsi que j'ai eu l'occasion de le développer chez un de mes clients, une formation sur le RGPD et ses déclinaisons concrètes pour telle ou telle catégorie de collaborateurs. Cela peut être des tutoriels sur l'utilisation de tel ou tel logiciel métier interne. Cela peut évidemment être des contenus sur les principes de sécurité. Il peut enfin s'agir du minimum à savoir pour démarrer dans telle ou telle activité, dans l'attente d'un éventuel dispositif de formation plus conséquent.

Là, je sens que certains d'entre vous imaginent que ce type de dispositif est réservé aux multinationales! Pas du tout. C'est ce qu'il y a d'absolument enthousiasmant dans la période que nous vivons: des outils existent, certains sont même *open source* et permettent, à moindres frais, d'expérimenter et de développer des systèmes très complets. Je vous recommande chaleureusement Moodle[22], le premier LMS[23] mondial en matière d'enseignement à distance. Il fonctionne sur un réseau de bénévoles, très actifs, avec une dimension humaniste très intéressante. Vous pouvez même faire un don pour contribuer au développement de l'enseignement en Afrique. C'est sur cette plateforme que je développe mes propres contenus à distance pour mes clients.

Bien entendu, outre la dimension interactive, moderne, capable de faire du sur-mesure, ce type de dispositif permet de suivre avec précision le niveau d'engagement du nouvel embauché, les résultats obtenus aux différents quiz, ce qui a déjà été fait. Cet outil peut également servir de prérequis à une formation en présentiel afin de déployer dans l'entreprise le concept de la pédagogie inversée. Bref, vous l'aurez compris, vous avez ici la possibilité d'envoyer aux oubliettes la bonne vieille formation «sur le tas» qui n'est guère flatteuse, ni pour le tas, ni pour celui qui monte dessus…

22. www.moodle.org

23. *Learning management system* (en français, plateforme d'apprentissage en ligne).

La veille du premier week-end

Autre moment clé de l'intégration : la veille du premier week-end. En effet, notre nouveau collaborateur ne manquera pas, à cette occasion, de croiser des personnes de son entourage – amis, membres de la famille – qui constituent autant d'acteurs masqués du processus de recrutement.

Si à la question « Alors, comment cela se passe dans ta nouvelle boîte ? », notre collaborateur répond sincèrement de manière positive et enthousiaste, il est vraisemblable que les investigations cessent, car, c'est bien connu, le bonheur agace…

Si à l'inverse, notre collaborateur commence par émettre des réserves, des doutes, l'interrogatoire se fera plus insidieux avec des formules du type : « Tu sais, quand cela commence comme ça, ce n'est jamais très bon… Peut-être devrais-tu relancer d'autres contacts que tu avais lors de tes recherches ? Il n'y a pas de fumée sans feu… »

Ayons en tête ces chiffres donnés par la Dares[24] : un tiers des CDI sont rompus avant la date de leur premier anniversaire et, dans près de 17 % des cas du fait de la démission du collaborateur. Si la probabilité moyenne de démission est de 35 % – toutes classes d'âge confondues –, elle est de près de 46 % pour les 15/24 ans (les fameux que l'on veut « séduire »).

Vous l'aurez compris, il est donc essentiel de prendre la température avant le premier week-end. Profitons de l'occasion pour en faire un moment convivial, autour d'un café voire, soyons fous, d'un déjeuner en tête à tête. Une nouvelle fois, préparons les questions ouvertes appropriées à la situation : « Si tu [eh oui, nous avons décidé de nous tutoyer] devais associer un qualificatif à cette première semaine,

---

24. Direction de la statistique du ministère du Travail et de l'Emploi : https://dares.travail-emploi.gouv.fr/dares-etudes-et-statistiques/etudes-et-syntheses/dares-analyses-dares-indicateurs-dares-resultats/article/plus-d-un-tiers-des-cdi-sont-rompus-avant-un-an

quel serait-il?» On appréciera la vitesse et la nature de la réponse…

Évitons bien sûr d'engager la discussion sur ce point au moment où le collaborateur s'apprête à quitter l'entreprise le vendredi après-midi: dans ce cas, nous ferions passer un message assez clair sur le fait que lorsque nous réfléchissons, c'est de préférence en dehors des heures de travail…

Avant la fin de la période d'essai

La gestion de la fin de période d'essai est finalement assez significative de la vision du recruteur et/ou de la culture de l'entreprise qui, trop souvent, focalise sur ce qui va mal, négligeant de valoriser ce qui marche bien. C'est ainsi, que, très régulièrement, lorsque tout semble bien fonctionner, le recruteur ne prend pas toujours le temps d'officialiser cet état de fait.

Rappelons cependant que, fondamentalement, la période d'essai est destinée aux deux parties: l'employeur comme le collaborateur.

Compte tenu de l'énergie que vous aurez mise en amont pour raisonner besoin plutôt que solution, pour faire un appel pertinent à candidature, pour organiser la découverte réciproque, j'imagine que vous aurez mis tous les atouts de votre côté! Ainsi, je vous propose de gérer cette ultime étape en trois temps:

- Assurons-nous auprès des différentes parties prenantes que l'envie de transformer l'essai est générale.
- Organisons un entretien avec le collaborateur et posons-lui une question du type: «Alors, qu'as-tu décidé? Tu restes avec nous?» Il est clair que si nous le voyons blêmir et pris d'une panique soudaine, il est nécessaire de la rassurer sur nos intentions positives. Symboliquement, il est toujours positif de confirmer son engagement.

- Faisons de cette confirmation d'embauche un temps festif. À la plus petite échelle de l'organisation, cela peut prendre la forme d'un « pot » – que nous organiserons bien sûr. Dans les plus grandes organisations, cela pourra prendre la forme du séminaire des confirmés de l'année, tout dépend bien entendu du nombre de personnes concernées, mais, vous l'aurez compris, l'essentiel réside dans les intentions qui nous animent.

Dans le cas où les choses se passeraient moins bien – nous ne pouvons malheureusement pas exclure cette hypothèse –, il est important de faire un point dès les premières dérives constatées.

Dans ce cas, la proposition est de commencer par noter qui est positif puis de réfléchir à ce qui pose question. Nous le ferons en deux temps :

- Identifier l'origine de la difficulté : est-ce une question de « valeurs » ? Si tel est le cas, il sera sans doute compliqué de faire évoluer les choses. Est-ce une question d'intégration ? Est-ce une question de formation ? Dans ces deux derniers cas, il sera plus facile d'imaginer et de mettre en place des solutions correctives.
- Identifier ce qui nous permettra de repasser du « feu orange » – si c'était un « feu rouge », nous aurions arrêté la période d'essai sans autre forme de procès – au « feu vert ». Il est essentiel de le décrire de manière précise et de le partager avec le collaborateur. À défaut, il est très vraisemblable que la deuxième chance que nous étions prêts à donner n'en soit finalement pas une en réalité.

Les outils

Check-list: boucler mon process d'intégration

	Plutôt	
	Oui	Non
Pour formaliser l'accord…		
Une confirmation écrite d'embauche a été adressée.	☐	☐
Les conditions de rémunération sont explicites.	☐	☐
Les annexes: mutuelle, prévoyance… ont été communiquées.	☐	☐
Les contraintes (horaires/déplacements) sont explicites.	☐	☐
Les éventuels justificatifs (permis, habilitations) ont été collectés.	☐	☐
La préparation du poste de travail…		
Les équipements nécessaires sont/seront disponibles pour le jour *J*.	☐	☐
Les éventuels EPI[25] seront disponibles pour le jour *J*.	☐	☐
Les outils de communication sont opérationnels: mail/téléphone/carte visite.	☐	☐
Les éléments du poste de travail ont été personnalisés (porte bureau, vestiaire…).	☐	☐
La date et l'heure d'intégration ont été convenues.	☐	☐
Pour engager les parties prenantes…		
Les collègues directs ont été informés des modalités d'intégration.	☐	☐
Un parrain s'est porté volontaire.	☐	☐
Les tuteurs ont confirmé leur disponibilité aux dates convenues.	☐	☐
Des dates ont été calées avec les personnes à rencontrer.	☐	☐
Une communication à l'ensemble des salariés est prête à être diffusée le jour *J*.	☐	☐
Le manager direct…		
A élaboré le planning d'intégration.	☐	☐
A réservé les plages sur son agenda: jour *J*, point première semaine et suivants.	☐	☐
A clairement formalisé ce qu'il convenait de valider pendant l'essai.	☐	☐
A expliqué ses attentes aux différentes personnes associées à l'intégration.	☐	☐
S'est coordonné avec les services RH.	☐	☐

25. Équipements de protection individuels.

Si d'aventure vous trouviez que l'un des items n'est pas adapté à votre contexte, voyez comment décliner l'idée et/ou l'intention qui est derrière et… faites-nous en profiter dans le forum des lecteurs !

Le planning d'intégration

Voici ce que je remets à l'issue de chaque mission de recrutement à mes clients afin qu'ils formalisent le planning d'intégration de leurs désormais nouveaux collaborateurs. Chacun pourra bien entendu adapter les échéances à la nature de ses recrutements.

Le planning d'intégration de :

Date	Les objectifs de la période	Ce qui est prévu pour cela…	Les enseignements…	Ce qui en découle…
1re semaine				
Mois 1				
Mois 2				
Mois 3				

CHAPITRE 6

AU-DELÀ DU STRICT PROCESS…

Allô Dominique ?

« Oui, alors Claude, comment vas-tu ?

– Très bien, je te remercie. Cela fait maintenant plus de deux mois que Maxence nous a rejoints et nous venons de faire le point sur son intégration. Je dois dire que nous sommes tous les deux très satisfaits de son recrutement. Ses collègues et collaborateurs également, ils ont trouvé particulièrement intéressant son rapport d'étonnement : de nombreuses pistes d'amélioration ont été ouvertes et nous avons pris conscience que sur certains points, nous avions finalement de réels avantages concurrentiels.

– Je m'en réjouis, manifestement, nos échanges ont été utiles…

– C'est justement pour cela que je t'appelle. Je voulais te remercier, mais surtout, aller encore un peu plus loin et partager avec toi quelques questions.

– Bien volontiers, car tout cela m'aide également à réfléchir pour ma propre entreprise. Quelles questions te poses-tu ?

– Peut-on parler d'un profil idéal ? Où finit le recrutement et où commence le management ? Quels seraient les principaux pièges à éviter ? J'en ai certainement d'autres…

– OK, voyons-nous pour en parler… »

Quel serait le profil idéal ?

Si nous convenons que le savoir-être est au moins aussi important que le savoir-faire technique, nous pouvons légitimement nous poser la question de l'existence d'un profil idéal.

C'est une chance immense, mon métier me conduit à rencontrer des personnes très différentes, des premiers niveaux d'exécution aux dirigeants d'entreprises et ce, dans des secteurs d'activité là aussi très différents, dans la sphère privée mais aussi dans la sphère publique. J'ai le sentiment que celles et ceux avec lesquels il faut compter possèdent, quel que soit leur niveau, quatre caractéristiques clés.

La curiosité

Ce n'est évidemment pas un vilain défaut mais probablement la mère des qualités, particulièrement dans l'époque où nous vivons qui se caractérise par des changements radicaux, parfois très brutaux, difficilement prévisibles. C'est ce que certains appellent le monde VUCA[26].

Dans ce contexte, la curiosité est précieuse : c'est elle qui nous pousse à dépasser nos peurs à la découverte de l'inconnu, c'est elle qui nous pousse à observer et par là même qui nous rend créatifs. C'est elle qui nous fait nous intéresser à ce qui est éloigné de notre cœur de métier.

La question est de savoir comment, dans cette phase de découverte d'un candidat, nous pouvons détecter le niveau de curiosité. Voici quelques suggestions : les renseignements pris en amont sur notre organisation, la nature des questions posées – au-delà du périmètre immédiat du poste –, le type de lectures et/ou d'activités, la diversité du parcours…

26. *Volatil, Uncertain, Complex, Ambiguous.*

L'optimisme

Nous pourrions aussi parler de positive attitude. Cela a toujours été important, bien sûr, mais dans un monde en profonde mutation, ça l'est encore plus. Il n'est évidemment pas question d'être naïf, mais il est important de contrer les déclinologues de tous poils et autres oiseaux de mauvais augure qui semblent prendre un malin plaisir à angoisser leurs semblables.

Qu'est-ce qui caractérise un esprit optimiste, la positive attitude? C'est une forme d'état d'esprit qui se focalise sur la recherche de solutions plutôt que sur l'analyse du problème. C'est la capacité à se questionner sur ce qu'il faut pour avancer plutôt que sur ce qui bloque. Bien sûr, finalement, nous parlerons sans doute de la même chose, mais nous en parlerons de manière différente, les uns pour analyser, les autres pour avancer.

Là encore, comment le détecter? Il y a bien entendu le comportement face à l'adversité que l'on pourra analyser via des mises en situation et/ou études de cas. Il y a également le langage utilisé.

C'est l'occasion de faire la distinction – ceux qui me connaissent savent que c'est mon dada – entre le langage de parfait hypocrite et le langage positif. Si je parle d'un technicien de surface, alors que sur le fond, je n'ai aucun respect pour le travail du balayeur et que je jette des papiers au sol, c'est de l'escroquerie intellectuelle. Si je parle d'une assistante alors que sur le fond, je pense que sa principale valeur ajoutée est de filtrer mes appels et d'accueillir avec courtoisie mes visiteurs, c'est à nouveau de la malhonnêteté intellectuelle.

Le langage positif l'est du fait de sa dimension dynamique, par opposition au langage négatif qui est statique. Si je dis d'un collaborateur qu'il n'est pas au niveau, c'est quasi définitif. Si je dis qu'il peut progresser sur tel ou tel point, c'est que je suis capable d'expliquer ce que sont ces points de progrès, probablement de dire comment les travailler... bref, c'est que je me suis mis en route.

Concrètement, dans son langage le véritable « positif » ne dira pas *j'aurai dû* (à quoi bon se faire un reproche ?) mais plutôt *une prochaine fois.* L'expression *je ne sais pas* sera remplacée par *je me renseigne.* Au-delà de cela, les références seront plutôt des expériences positives que des expériences négatives et/ou il saura expliquer en quoi l'échec a été vécu positivement.

La détermination

Il y a quelques années déjà, à l'occasion de ma première formation sur la prise de parole en public, le collègue formateur nous avait rapporté une citation attribuée à Ray Croc, le créateur de McDonald's :

> *Rien dans le monde ne peut remplacer l'obstination. Le talent ne le fera pas : rien n'est plus répandu que les hommes de talent qui ont échoué. Le génie ne le fera pas : il est bien connu que le génie n'est jamais récompensé. L'instruction ne le fera pas, le monde est plein d'épaves bourrées de diplômes. Seule la détermination et l'obstination sont toutes-puissantes.*

Je dois dire que cette citation m'a durablement impacté. C'est le même esprit que ce que disaient les membres du Centre des jeunes dirigeants d'entreprise (CDJ), dans l'entreprise du XXIe siècle : « L'utopie, c'est le refus du renoncement. »

Nous sommes nombreux à rêver, mais combien d'entre nous passent du rêve au projet ? C'est à cela que sert la détermination.

Comment la détecter ? À travers le niveau de préparation des entrevues lors du processus de recrutement, à travers la réponse aux objections que nous pourrions formuler, à travers l'envoi d'un mail, après l'entretien, au recruteur. Je pense que toutes les personnes qui accompagnent les demandeurs d'emploi donnent ce conseil... Combien le mettent effectivement en pratique ? Il ne s'agit évidemment pas de les blâmer, mais simplement d'observer ce qui se passe.

Cette question de la détermination me conduit d'ailleurs à formuler un bémol s'agissant de l'expérience candidat que nous évoquions précédemment. S'il est vrai qu'il faut raccourcir au maximum le nombre de clics pour postuler, de peur de perdre notre candidat, nous ne pouvons que constater que les difficultés de la vie se résolvent rarement d'un seul clic... S'il est difficile d'aller contre une tendance de fond, il faut probablement réfléchir à ce qui constitue le juste niveau...

La capacité à coopérer

J'ai volontairement mis les trois caractéristiques précédentes en premier, car elles permettent à chacun de se mettre en route. Cette quatrième capacité permet de passer de l'aventure individuelle à celle, beaucoup plus puissante, de l'expérience collective.

C'est la fameuse formule d'Aimé Césaire : « Tout seul on va plus vite, ensemble on va plus loin... ».

Plus que la capacité à coopérer, c'est sans doute la capacité à initier la coopération qui est importante. C'est elle qui permet de démarrer, voire, tôt ou tard, de générer de la réciprocité.

Comment l'apprécier ? Le premier test est sans doute la capacité à générer un bon premier contact, dans un environnement neutre à défaut d'être hostile. Le deuxième peut être dans la façon de se projeter dans une prise de fonction en intégrant, plus ou moins, les différentes parties prenantes. Un troisième pourrait être la manière d'envisager une passation de fonction, tant chez l'ancien employeur que chez le nouveau...

Dès lors, si le candidat adhère à notre projet d'entreprise et aux valeurs effectivement incarnées, alors la dimension technique – pour autant qu'il ne s'agisse pas d'une profession réglementée – ne sera jamais le problème.

Dans cette mesure, le candidat idéal serait celui qui possède ces quatre caractéristiques.

Peut-on parler d'un style de recruteur ?

À une question fermée de ce type, la réponse ne peut être que « oui » ! Toute la question est de savoir ce qui la fonde.

Mais avant d'aller plus loin, sans doute auriez-vous envie de savoir quel est votre profil ? Je vous invite donc à faire un quiz en dix points pour révéler ce que sont vos tendances, avant de lire la suite. Il vous suffit de flasher le QR-code ci-contre[27].

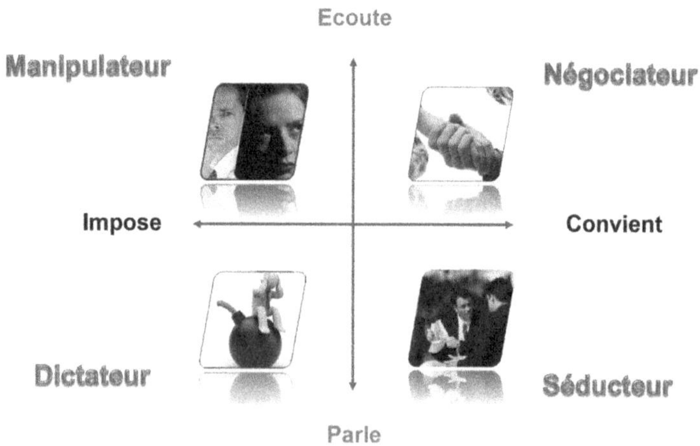

27. Dans l'hypothèse, peu vraisemblable à ce stade de votre lecture, où vous n'auriez pas encore de lecteur de QR-code, vous pouvez trouver le lien à l'adresse suivante : www.pbrh.fr/recrutement.html

Ça y est, c'est fait ? Bravo, belle détermination !

Je formule ici l'hypothèse que deux axes sont à prendre en considération : celui de la communication et celui de l'ouverture. La combinaison de ces deux axes génère quatre profils, comme le montre le schéma suivant :

Le séducteur

Il commence par parler puis demande à son interlocuteur ce qu'il pense. La motivation est souvent de mettre le candidat à l'aise et de lui « vendre » l'entreprise : il ne faut pas risquer de perdre le peu de candidats qui se présentent… Toujours dans cette logique de faire une bonne impression, il demande ensuite au candidat ce qu'il pense et propose. Le risque est celui de la désillusion du recruteur à qui le candidat, particulièrement lorsqu'il s'agit de commerciaux, va simplement reformuler ses propos et dire au recruteur ce qu'il a envie d'entendre. Ce comportement est typique des recruteurs de culture « technique » peu habitués à l'exercice lorsqu'ils recrutent des commerciaux.

Ce profil pose la question de la capacité à être attractif… tout en restant sélectif.

Le dictateur

Il commence par parler et va à l'essentiel. Sa proposition est à prendre ou à laisser. Il n'est pas loin de penser que la balle, qu'on le veuille ou non, est dans le camp de l'employeur et que si l'on commence à mettre un doigt dans l'engrenage, nous risquons d'y laisser le bras. Le dictateur connaît fréquemment le syndrome de la fin de période d'essai : « Je ne comprends pas, tant que le collaborateur était en période d'essai, il était doux comme un agneau. Le jour où il a été confirmé, cela a été le début de la fin… » Statistiquement, ce profil est présent chez 10 % des dirigeants qui ont fait le test conçu par le cabinet pour faire émerger ces tendances.

Ce profil pose la question de la liberté de choix du candidat. S'il est déjà en poste, nous pouvons supposer qu'elle est grande... pour autant qu'il soit dans une démarche où il a fait le choix de venir chez nous et pas seulement de vouloir fuir son employeur. En revanche, s'il est sans emploi, la nécessité économique, on le comprend aisément, peut s'imposer...

Le manipulateur

Nous passons dans le haut de la figure et le manipulateur commence par écouter... pour pouvoir dire au candidat ce qu'il a envie d'entendre. Vous aurez compris que c'est le profil miroir du séducteur.

Le risque de désillusion est, cette fois-ci, du côté du candidat qui risque fort de réaliser, une fois le pas franchi, qu'il s'est fait vendre sur plan quelque chose qui n'existait pas !

Ce profil pose la question de la profondeur effective de la fameuse « marque employeur ». Si elle est le fruit d'une simple traduction marketing de ce que le marché de l'emploi a envie d'entendre, non seulement cela ne marchera pas, mais nous risquons en plus de perdre nos salariés qui verront ainsi la capacité de leur employeur à leur raconter des salades.

Le négociateur

Il commence par écouter, pour découvrir puis voit s'il peut convenir d'un *deal* avec son interlocuteur. Ce faisant, il se place dans la position la plus favorable, quel que soit le poste pour lequel nous recrutons, pour que le recrutement soit durable.

Le négociateur a intégré qu'un bon recrutement était une opération dans laquelle les deux parties trouvent leur compte. Dès que cette affirmation ne se vérifie plus, c'est le début de la fin.

Cette posture est celle qui permet le plus facilement d'envisager des profils différents de ceux auxquels nous aurions spontanément pensé.

Du recrutement au management

Bien entendu, une question est de savoir quand se termine le recrutement et où commence le management. Une pirouette consisterait à dire que le recrutement est un acte fondamental de management !

J'ai pour autant envie d'aller plus loin et de répondre à cette question en partageant une représentation possible de la compétence.

Commençons par l'illustration suivante :

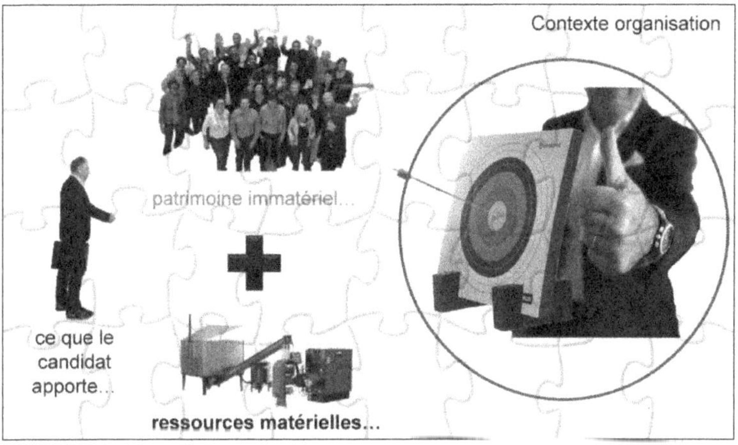

Que nous pourrons commenter par la définition suivante : la compétence est la capacité reconnue à mobiliser des ressources individuelles et collectives au service d'un résultat convenu, dans un contexte donné.

Voyons-en les différents éléments.

- La capacité reconnue : par le recruteur, sinon, il ne fera pas de proposition d'embauche. C'est tout l'enjeu du processus du recrutement qui doit permettre au recruteur de reconnaître a priori cette capacité. L'objectif de la période d'essai est notamment de lui permettre de la reconnaître a posteriori.
- La capacité également reconnue par chacun d'entre nous. Quand avons-nous dit – ou entendu – pour la dernière fois : « Je ne me vois pas en train de... » ? Toute la difficulté vient de là : nous sommes assurément notre première limite ! Tout l'enjeu, pour le manager, est d'adresser des signes de reconnaissance, régulièrement, afin que chacun de ses collaborateurs puisse se construire une image positive de ses capacités. Nous ne sommes plus dans le recrutement, mais dans le management.
- Les ressources individuelles : c'est ce que le candidat apporte... et ce que chacun d'entre nous possède : ses connaissances et savoirs, son savoir-être, son énergie, son expérience, son réseau, etc. Nous l'avons vu, en amont du processus de recrutement, l'enjeu est de savoir ce que nous devons, a minima, « acheter » : c'est tout l'enjeu de la formule « raisonnons besoin plutôt que solution ». Lors de la phase de découverte, le processus de recrutement doit permettre d'apprécier le niveau de ces ressources individuelles et la période d'essai doit permettre de le confirmer.

  Cela devient une question de management lorsqu'il s'agit de développer ces ressources individuelles... ou de prendre conscience qu'elles ont évolué afin de confier de nouvelles responsabilités. L'outil managérial qui permet de faire cela, une fois par an a minima, est l'entretien d'appréciation.

  C'est encore une question de management lorsqu'on réalise qu'une partie de ces ressources va quitter l'entreprise avec celui qui les porte. L'enjeu, dans ce cas est de voir comment verser une partie de ces ressources individuelles dans le patrimoine immatériel de l'entreprise. Nous sommes ici dans le champ passionnant du management de la connaissance, de sa capitalisation et de sa transmission.

- Les ressources collectives : elles sont de deux ordres, matérielles et immatérielles. Nous sommes dans le domaine du recrutement lorsque nous nous interrogeons sur les ressources collectives qui peuvent venir compenser un manque de ressources individuelles lors du recrutement. Nous sommes dans le domaine du management lorsque nous prenons conscience qu'en tant que manager, nous sommes la première ressource collective dont doit pouvoir profiter chacun de nos collaborateurs, soit directement du fait de nos apports, soit indirectement du fait de notre mise en relation et/ou mise à disposition de ressources complémentaires.
- Le résultat convenu : il s'agit ici de l'objectif poursuivi. La compétence est illustrée par la cible alors que la flèche, au centre, symbolise la performance. Cette distinction est importante car la compétence a vocation à être stable dans le temps. En revanche, la performance est associée à une période et peut varier, à la hausse comme à la baisse. Ici, nous sommes clairement dans le champ du management. La manager doit décliner un projet d'entreprise en objectifs opérationnels pour chacun de ses collaborateurs. Il doit aussi distinguer la compétence de la performance du fait de son impact sur la gestion de la rémunération. En effet, le fixe permet de rémunérer la compétence – ce qui est stable dans le temps – alors que la part variable a vocation à rémunérer la performance, variable, nous l'avons vu.
- Le contexte donné (le cadre de l'illustration) : c'est ce qui explique qu'une personne peut parfaitement être

compétente et performante dans un contexte donné et ne pas l'être – ou l'être moins – dans un autre. C'est une question de recrutement quand il s'agit de caractériser le contexte « cible » afin d'analyser l'adéquation avec la zone de confort du candidat. Cela devient une question de management quand il s'agit d'améliorer le contexte, l'environnement de travail pour que chacun donne le meilleur de lui-même. Ainsi, nous basculons dans le champ de l'ergonomie du travail, devenue aujourd'hui qualité de vie au travail, l'une des aspirations majeures des milléniums.

Calculer sa PFR

La PFR est la « Probabilité de Foirer son Recrutement », un indice que je vous invite à calculer ici grâce à l'autodiagnostic qui suit. Comme ceux que vous avez probablement effectués précédemment, il vous suffit de répondre « oui » ou « non » en fonction des pratiques habituelles au sein de votre organisation. La pertinence du résultat est bien entendu directement liée à la sincérité de vos réponses.

	Plutôt	
	Oui	Non
1. En amont du processus…		
Nous ne répondons qu'aux candidatures spontanées susceptibles de nous intéresser.	☐	☐
Nous cherchons a priori à recruter à l'identique lors des remplacements.	☐	☐
Nous laissons les RH repartir de la fiche de poste si elle existe.	☐	☐
Les managers directs sont rarement associés à la préparation du recrutement.	☐	☐
Le lancement d'un recrutement fait rarement l'objet d'une communication interne.	☐	☐

	Plutôt	
	Oui	Non
2. S'agissant des annonces...		
Nos annonces sont rarement illustrées par des photos et/ou vidéos.	☐	☐
Les termes « obligatoires », « impérativement » sont fréquemment utilisés.	☐	☐
La première partie est toujours consacrée à la description de l'entreprise.	☐	☐
Le style est proche de « le candidat devra justifier... » plutôt que « vous avez... »	☐	☐
Les annonces sont rarement « testées » auprès de représentants de la « cible ».	☐	☐
3. En amont des rencontres...		
Nous ne contactons jamais, par principe, les profils « hors cœur de cible ».	☐	☐
Nous privilégions une rencontre physique à tout contact téléphonique préalable.	☐	☐
La question de limiter les déplacements du candidat est rarement posée.	☐	☐
Le processus d'examen des candidatures est le même pour tous les emplois.	☐	☐
La préparation des entretiens est laissée à l'initiative de chacun, sans recommandation.	☐	☐
4. La conduite des entretiens de face à face...		
Nous commençons toujours par présenter l'entreprise puis le poste.	☐	☐
Nous laissons le soin au candidat de conduire l'entretien pour qu'il nous surprenne.	☐	☐
Nous limitons nos entretiens à trente minutes.	☐	☐
Nous recevons les candidats en fonction des disponibilités, sans lieu attitré.	☐	☐
Nous évitons de prendre des notes pour ne pas donner d'indice.	☐	☐

	Plutôt	
	Oui	Non
5. Les questions que nous posons... (ou équivalentes)		
Vous avez bien compris ce que sont les contraintes du poste ?	☐	☐
Vous êtes en phase avec nos valeurs ?	☐	☐
Pensez-vous avoir tous les moyens pour réussir ?	☐	☐
Nous posons les questions comme elles viennent, sans concertation préalable.	☐	☐
La question de la légalité des questions n'est pas explicitement posée.	☐	☐
6. Après l'entretien...		
Nous utilisons une cotation de type –/=/+ voire ++ pour positionner les candidats.	☐	☐
Les échanges sont le plus souvent informels, en fonction des affinités.	☐	☐
Nous ne communiquons que rarement sur nos délais de décision.	☐	☐
Nous attendons que les candidats nous relancent pour donner notre réponse.	☐	☐
Nous adressons une lettre type pour notifier nos refus.	☐	☐
7. Le choix final...		
Par principe, le point de vue des homologues n'est pas sollicité.	☐	☐
En cas de divergences, c'est le DG qui tranche, les autres s'exécutent.	☐	☐
La question de l'intérêt du candidat à nous rejoindre est peu voire pas posée.	☐	☐
La proposition salariale se fait le plus souvent sur l'hypothèse d'objectifs atteints.	☐	☐
Nous faisons assez régulièrement un choix perçu comme « par défaut ».	☐	☐
8. Pour préparer l'intégration...		
La question de l'intégration relève du champ exclusif du responsable RH.	☐	☐
Les modalités d'intégration sont indifférenciées, pour tous les emplois.	☐	☐
Les collègues immédiats ne sont que rarement associés à la préparation.	☐	☐
Chaque manager prépare les choses comme il le sent, sans procédure particulière.	☐	☐
La question des formations nécessaires n'est posée qu'après l'intégration effective.	☐	☐

	Plutôt	
	Oui	Non
9. Le jour J...		
L'intégration se fait, mécaniquement, le lundi matin à la première heure.	☐	☐
La personne de l'accueil n'a pas d'information sur les embauches du jour.	☐	☐
Il peut arriver que le poste de travail/les équipements ne soient pas prêts.	☐	☐
Il peut arriver que le manager direct soit absent.	☐	☐
Les modalités de déjeuner sont rarement communiquées à l'avance.	☐	☐
10. Lors de la période d'essai...		
La formation se fait « sur le tas », en fonction des disponibilités des uns et des autres.	☐	☐
La réalisation d'entretiens intermédiaires est fonction des disponibilités du N+1.	☐	☐
Les RH n'interviennent que sur sollicitation du manager direct.	☐	☐
La pression est mise pour voir de quoi les collaborateurs sont effectivement capables.	☐	☐
Il peut arriver que l'on « oublie » la date de fin de période d'essai.	☐	☐

Pour calculer votre PFR, considérez que chaque « oui » coché compte pour 2 points, ce qui vous donne votre indice final. Soyons bien conscients que le risque associé à l'indice évolue de façon exponentielle, ainsi, à partir d'un indice de 40, le risque est probablement proche de 80 % !

Trois ultimes questions pour trois experts...

Au-delà des aspects que nous avons traités au fil de cet ouvrage, il reste trois questions qui sortent de mon cœur de compétence : quelle place doit-on laisser à l'intuition dans le recrutement ? Au-delà des effets marketing, le recours à l'intelligence artificielle est-il si prometteur ? Enfin, en quoi les « milléniums » sont-ils vraiment différents des générations précédentes ? Je vous invite à partager le point de vue des trois experts rencontrés pour vous…

ET LE FEELING DANS TOUT CELA ?

VICTORIA PELLÉ REIMERS – Experte en intuition et fondatrice du site Intuition Open Source

Bonjour Victoria, je suis ravi que tu aies accepté de nous rencontrer, Claude et moi. Nous venons de revisiter son processus de recrutement à l'occasion de la recherche et de l'intégration d'un nouveau collaborateur. Il souhaite désormais former l'ensemble de ses managers en situation de recruter, d'autant que certains disent recruter au feeling. Je suis sûr que tu vas nous aider à progresser dans notre raisonnement. Pour toi, quel lien y a-t-il entre feeling et intuition ?

Sans doute faut-il commencer par clarifier la notion de feeling. En anglais, le mot feeling renvoie à deux notions : le ressenti et le sentiment. Le ressenti concerne la dimension corporelle. Colette écrivait à ce propos « Moi, c'est mon corps qui pense. Il est plus intelligent que mon cerveau. Il ressent plus finement, plus complètement que mon cerveau. Toute ma peau a une âme[28]. » À l'inverse, le sentiment est de l'ordre du cérébral, de l'interprétation. D'ailleurs, si tu détaches le mot, nous pouvons dire que le senti… ment ! Ainsi, pour répondre précisément à ta question, sur la base des travaux que je conduis depuis plus de dix ans, le feeling peut être considéré, dans sa dimension corporelle, comme un synonyme d'intuition.

28. *La Retraite sentimentale*, 1907.

Oui, mais alors comment savoir si l'on parle d'un « bon » feeling, d'une intuition et non d'une impression ?

Il suffit de demander aux personnes concernées: comment sais-tu que tu recrutes au feeling ? Si votre interlocuteur commence par donner une explication rationnelle, c'est à coup sûr une impression. En revanche, en cas de véritable intuition, nous sommes incapables de la décrypter. Nous ne pouvons que dire : « Je ne sais pas pourquoi, mais je le sens... ou pas. »

L'intuition mérite un ouvrage à part entière[29] mais de façon rapide, retenez qu'à la préhistoire, l'intuition était essentielle pour les hommes de l'époque. Elle permettait de décider très vite de fuir (ou non) le danger d'une relation inconnue, de se mettre en route (ou non) vers un territoire de chasse. L'intuition est une forme d'algorithme puissant qui permet de capter dans le présent le subtil, l'extraordinaire. Tout mon travail vise à réhabiliter l'intuition pour en faire une compétence à part entière que l'on peut entraîner et développer.

Plus précisément, à quoi peut servir l'intuition en matière de recrutement ?

Ma suggestion est de considérer l'intuition comme un complément aux différentes techniques de recrutement qui permet, notamment, d'aller plus vite pour poser les « bonnes » questions. Elle complète le discernement, dès lors que l'on sait ce que l'on veut (et ce que l'on ne veut pas) pour capter des informations pertinentes, dans le présent, au-delà des apparences. Enfin, l'intuition est utile dans la composition des équipes pour identifier les complémentarités nécessaires.

Quels seraient les pièges à éviter ?

Ils sont liés à ce que nous avons dit à propos du feeling au début de notre échange. Le premier piège est la dimension affective : « J'aime/je n'aime pas pour telle ou telle raison... » Le second piège est constitué par l'ensemble des préjugés qui constituent

29. Victoria Pellé Reimers, *Tous intuitifs ! L'intuition, l'âme de la performance...*, Mardaga, 2020.

ce que j'appelle les faux amis de l'intuition. Ils peuvent, selon les cas, endormir la vigilance du recruteur ou le faire passer à côté d'une opportunité lorsque le profil est trop éloigné de ce que serait, en valeur absolue, un « bon » candidat.

Si tu avais un ultime conseil à donner aux dirigeants, quel serait-il ?

Se préparer, encore et toujours ! Dans le cas du recrutement, mais même au-delà, il convient d'être parfaitement clairs avec ce que nous voulons atteindre et ce que nous voulons éviter. Nous en revenons à notre cerveau reptilien qui travaille en oui/non...

Ainsi préparés, nous pourrons être présents à nous-mêmes et à nos interlocuteurs. Plus je sais ce que je veux, plus l'intuition est puissante et utile !

Merci Victoria pour ton éclairage ! J'ai l'intuition qu'il sera très utile à nos lecteurs...

Pour en savoir plus : https://intuitionopensource.com/

L'IA DANS LE RECRUTEMENT : BON OU MAUVAIS PLAN ?

VINCENT LE CERF – Docteur en intelligence artificielle, expert en anticipation numérique, dirigeant du cabinet Metagenia

Bonjour Vincent, merci de nous recevoir. Nous venons de travailler avec mon ami Claude sur son processus de recrutement. J'avoue que nous nous sommes rendu compte que nous avions un gros boulot pour nous mettre à la page, culturellement et techniquement ! Précisément, nous avons vu que de plus en plus, on parlait d'intelligence artificielle

(IA) au service du recrutement. Toi qui es indépendant de toute solution, quel est ton point de vue ?

Avant toute chose, il est vrai que l'IA, en tant que technologie émergente, a et aura un impact considérable pour le monde du travail. Aujourd'hui, les entreprises qui utilisent l'IA possèdent un avantage concurrentiel certain... qui deviendra sans doute un standard d'ici cinq à dix ans maximum. Plus largement, la digitalisation va transformer une majorité de nos activités traditionnelles et en faire naître d'autres.

Le deuxième impact porte donc sur les compétences des collaborateurs puisque nombre d'emplois seront détruits, au profit de nouveaux qui devront développer de nouvelles compétences, notamment la capacité à « coopérer » avec la machine.

Le troisième impact concerne le management qui doit et devra lui aussi s'adapter du fait de l'évolution des outils de contrôle, de l'accès à l'information et à la connaissance.

Enfin, et cela nous ramène à votre sujet, il y a actuellement une véritable guerre des talents et l'on fait des ponts d'or à ceux, très peu nombreux encore, qui maîtrisent ces technologies.

Oui, mais précisément, quelle réalité se cache derrière l'IA ?

Ce n'est que de l'informatique, de la puissance de calcul, des données – beaucoup de données – et des outils statistiques utilisés pour appliquer des règles... que l'homme aura définies puis programmées.

Tu nous donnes des exemples ?

Le premier domaine de l'IA est ce qu'on appelle l'expertise numérisée issue des systemes à base de connaissances que l'on appelait systèmes experts. Une des applications est le chat bot *que l'on retrouve sur les sites marchands, sur les aides en ligne et que l'on commence à voir apparaître dans le recrutement. Pour simuler un « comportement humain », on utilise des arbres de décisions. Dans 80 % des cas, cela fonctionne, dans 20 % des cas, il faut un humain.*

Le second domaine est l'apprentissage dit « automatique ». Cette approche associe des exemples à des résultats probables.

On entre dans la machine une base d'exemples: des fiches profils réputés performants par les humains, pour rester dans le domaine du recrutement. Ces fiches possèdent des caractéristiques précises, déterminées et associées par les humains. Ainsi, pour toute nouvelle fiche présentée à la machine, celle-ci pourra dire si ce nouveau profil est performant, ou non, d'un point de vue statistique. C'est l'utilisation de la bonne vieille courbe de Gauss.

Donc en fait la machine ne nous rend pas plus que ce que nous avons mis dedans…

Je vois que tu commences à comprendre!

D'accord, mais alors, si l'on considère le processus de recrutement, à quel moment l'IA est-elle réellement prometteuse?

Globalement, chaque fois qu'il s'agit de trouver la norme et d'appliquer des règles de manière répétitive à un grand nombre de données. L'IA va être très performante pour faire un premier filtre sur des candidatures ou pour trouver, dans une base de candidats, ceux qui possèdent telle ou telle caractéristique. Elle permet également d'élargir facilement une recherche...

Évidemment, le risque est d'éliminer le cas exceptionnel, que nous connaissons tous dans les entreprises: celui de la personne qui n'a pas le «bon diplôme» ou qui ne maîtrise pas encore la «bonne technique», bref, celui qu'une approche sélective classique aurait écarté et qui se révèle néanmoins l'un des meilleurs collaborateurs!

Ta réserve amène une autre question: y a-t-il des domaines dans lesquels il faut fuir l'IA?

Oui, chaque fois qu'on te la présente avec une dimension prédictive. Cela ne fonctionne que si le futur n'est que la stricte répétition du passé. En matière de ressources humaines et donc de recrutement, tu sais bien que ce n'est jamais le cas.

Il faut également éviter chaque fois que l'on doit réfléchir avec finesse et par exception. En matière de recrutement, notamment, la quête des profils de «demain» – dont les caractéristiques ne figurent, par nature, dans aucun historique – ne peut être confiée à une IA.

Compris. Si tu avais un ultime conseil à donner aux dirigeants, quel serait-il ?

Le premier serait de se mettre en veille car les applications utilisant de l'IA sont en constante évolution. Je pense notamment à la réalité virtuelle qui peut permettre de créer des environnements de simulation très utiles, notamment en recrutement.

Le deuxième est de ne surtout pas faire une confiance aveugle à la machine, qui ne peut être, dans le meilleur des cas, qu'une aide à la décision.

Le troisième serait de poser la question suivante aux fournisseurs de solutions : et vous, vous l'utilisez comment dans votre entreprise ?

Merci Vincent, grâce à tes explications, nous allons pouvoir étudier tout cela avec un œil plus avisé et critique...

Vincent Le Cerf développe actuellement, en partenariat avec une société grenobloise, une application sur la reconnaissance des émotions : étonnant, non ? À quand son utilisation dans le recrutement ?

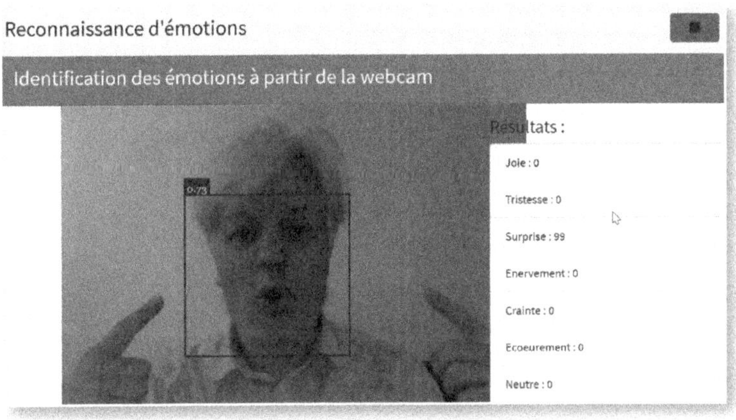

Reproduit avec l'aimable autorisation de Vincent Le Cerf
Pour en savoir plus : http://metagenia.com/

GÉNÉRATION Z : QU'EST-CE QU'ILS ONT DE DIFFÉRENT, EN VRAI ?

CHRIS DELEPIERRE – Entrepreneur du changement dans les domaines de la fabrication numérique et de l'éducation créative, fondateur dirigeant de Trezorium.

© Crédit photo : Laurent Mayeux photographe

Bonjour Chris, merci de nous recevoir ! On nous a parlé de toi comme étant un *slasher* : « quesako ? », comme on disait de notre temps ?

> *Le* slasher *désigne quelqu'un qui mène plusieurs activités professionnelles de front, parfois assez différentes, pour répondre à une quête de sens, plus que par nécessité de cumuler les jobs… comme peuvent le croire certaines personnes de votre génération ! Dans mon cas par exemple, j'ai créé tri-D, agence spécialisée dans les usages des technologies de numérisation 3D et Trezorium dont l'ambition est de révéler le Léonard de Vinci qui sommeille en chaque enfant… d'où le « Z » de Trezorium.*

Je vois que nous avons frappé à la bonne porte ! Nous venons de revisiter, avec mon ami Claude, son processus de recrutement afin de séduire et d'intégrer, notamment, les jeunes générations. Au stade où nous en sommes, nous nous questionnons sur ce qui fait véritablement la spécificité des Y et des Z. Quel est ton point de vue ?

> *Je comprends que vous vous posiez la question car finalement le fossé entre générations a toujours existé. Au-delà du fait qu'être jeune c'est d'abord un état d'esprit, être jeune c'est être le reflet d'une époque qui, elle, est en pleine évolution. C'est d'ailleurs ce qui me passionne !*

D'une manière globale, qu'est-ce qui caractérise cette génération ?

Il faut bien sûr se méfier des généralisations car la jeunesse est plurielle. Cependant, certaines tendances, une dizaine environ, ont été mises en évidence par les sociologues. La première est la quête de sens avec une volonté d'accomplissement personnel avant l'accomplissement professionnel. C'est réussir sa vie plutôt que réussir dans la vie.

Les autres découlent de l'avènement du digital qui change profondément le rapport au temps, à l'espace et au savoir de la génération smartphone.

Le fait d'être hyper-connecté génère une forme de zapping comportemental et une tendance à vivre dans l'instant présent. Dans cette culture du fun, de la jouissance et de l'hyper-émotivité, la guerre de l'attention est clairement engagée !

Le rapport à l'espace a également changé : la culture jeune est désormais mondialisée à travers les séries, les musiques, les codes vestimentaires.

Enfin, le « savoir » est désormais accessible à tous : c'est la génération tutos et vidéos.

C'est peut-être ce qui explique la remise en question de l'autorité et, plus largement, des grandes institutions. C'est la génération du Why ? *(Pourquoi ?)*

Plus spécifiquement, Chris, en quoi sont-ils différents en matière de recrutement ?

À travers les attentes qui en découlent. En matière de sens tout d'abord : ils veulent savoir en quoi l'entreprise va impacter positivement le monde et la société, au-delà de la seule création de valeur.

En matière de poste ensuite : ils sont plus à la recherche d'une mission, d'un projet évolutif, que d'un emploi parfaitement défini.

En matière d'intégration et de management enfin : tout l'enjeu pour le manager sera de préserver l'autonomie et la liberté au sein du collectif. C'est, avec l'authenticité et l'exemplarité, ce qui permettra au manager d'être reconnu. À défaut, le risque est d'avoir une démission du jour au lendemain car cette génération se caractérise aussi par une approche disons... radicale !

Pour conclure, si tu avais un conseil à donner aux dirigeants, quel serait-il ?

Le premier est lié aux outils utilisés : il convient d'investir les territoires dans lesquels ils sont, les réseaux sociaux en particulier.

Le deuxième est lié à la méthode : il convient de coconstruire et de faire non pas « pour » mais « avec » les « jeunes ».

... Sans oublier, bien sûr, de se montrer hyper-réactifs vis-à-vis de leurs besoins et demandes !

Merci Chris, de ton éclairage !

Pour en savoir plus : https://www.trezorium.com/, https://www.tri-d.fr/, http://blog.chrisdelepierre.fr/

BIBLIOGRAPHIE

Une bibliographie a vocation à vivre, à s'enrichir au fil de nos découvertes. C'est la raison pour laquelle je vous invite à consulter celle que j'actualise régulièrement sur mon site internet. En voici un extrait en lien, bien sûr, avec la question du recrutement.

Bultel Pierre, *Mobilité interne, comment réussir ?*, Eyrolles, 2009. La promotion interne est une forme particulière de recrutement. Vous trouverez ici tout ce que vous devez savoir, que vous soyez bénéficiaire ou instigateur d'une promotion interne. L'ambition est que ce livre très pratique avec de nombreuses fiches outils soit l'occasion d'échanges fructueux entre les protagonistes.

Attia Sophie, *Le social selling*, Dunod, 2017. Bien que les choses évoluent rapidement dans ce domaine, ce livre sera très utile pour qui veut disposer de points de repère concrets pour engager et/ou prendre du recul sur la mise en œuvre de sa présence sur les réseaux sociaux. Nous avons vu combien elle était importante dans le chapitre 3 : « Mais où sont donc les candidats ? ».

Saint Paul Josiane de, Cayrol Alain, *Derrière la magie*, Dunod, 2004. Cet ouvrage est intéressant pour découvrir les principes de la PNL pour, notamment, se garder des manipulateurs en situation de recrutement qui tentent, plus ou moins habilement, d'utiliser les techniques de synchronisation… et bien d'autres !

Story Martine, *Au-delà des mots*, Maxime, 2018. Martine est, notamment, synergologue, c'est-à-dire spécialiste de la communication non verbale. Avec de nombreuses illustrations à l'appui, vous trouverez dans cet ouvrage des clés pour décoder le langage corporel lors de vos entretiens, en face à face ou à distance.

Le Boterf Guy, *Ingénierie et évaluation des compétences*, éditions d'Organisation, 2001. Quand le grand maître nous livre ses clés de lecture de la compétence ! Un grand moment, technique, certes, mais agrémenté de nombreux exemples, fiches et, finalement, très accessible. Ouvrage de référence, à n'en pas douter, pour tous ceux qui ont été intéressés par la section « Du recrutement au management » du chapitre 6 de cet ouvrage.

Reyre Isabelle, Lippa Marc, *E-management*, Dunod, 2015. Recruter c'est bien, conserver ses collaborateurs, c'est mieux ! Tout est résumé par le sous-titre : *Comment la révolution numérique transforme le management*. Vous apprécierez sans aucun doute le côté très pratique de l'ouvrage.

Pellé Reimers Victoria, *Tous intuitifs ! L'intuition, l'âme de la performance*, Mardaga, 2020. Si vous avez aimé notre rencontre avec Victoria (voir le chapitre 6), vous aurez certainement envie d'en savoir plus sur la manière de cultiver votre intuition afin qu'elle vous soit utile dans de très nombreux domaines, bien au-delà du recrutement.

Hababou Ralph, *Génération www*, éditions First, 2009. En fin observateur du monde de l'entreprise et de la société d'une manière plus générale, Ralph Hababou nous propose les 3 W (*Web*, *Woman*, *Weather*) qui font que la révolution est en marche. Un livre qui pousse à réfléchir au-delà de l'évolution du recrutement et pose la question : et vous, qu'allez-vous faire ?

Barabel Michel, Meier Olivier, Perret André, *Travailler avec les nouvelles générations Y et Z*, Studyrama-Pro, 2016. Dans cet ouvrage, initié en 2012 et revisité en 2016, les auteurs nous décrivent les dix spécificités des générations Y et Z que tout manager doit connaître pour travailler efficacement avec eux.

Jarrosson Bruno, Lenhardt Vincent, Martin Bernard, *Osez la confiance*, Insep éditions, 1997. Certains concepts ne prennent pas une ride. C'est le cas de la confiance, élément indispensable pour engager une collaboration fructueuse. À redécouvrir…

Collins Jim, *De la performance à l'excellence*, Village Mondial, 2011. Cet ouvrage est le résultat d'une étude (15 000 heures de travail) sur les points communs des entreprises qui sortent durablement du lot. Tout est passionnant et inspirant mais vous serez certainement intéressé par le profil de leurs leaders…

Noah Harari Yuval, *Homo Deus, Une brève histoire de l'avenir*, Albin Michel, 2017. Vous pourriez penser que nous nous éloignons : pas tant que cela car avec brio, l'auteur nous entraîne dans une réflexion sur ce que nous voulons faire de notre société. J'imagine que cela vous inspirera quand vous vous poserez la question de la vocation, au fond, de votre organisation.

REMERCIEMENTS

Je remercie en premier lieu celles et ceux qui ont accepté très volontiers de partager leur approche du recrutement au fil de cet ouvrage : Jérémy Cledat, Julien Dargaisse, Chris Delepierre, Alisson Foucault, Franck Gauthier, Vincent Le Cerf, Nicolas Morel, Philippe Nantermoz, Victoria Pellé Reimers, Jean-Eudes Yahouedeou. Une mention particulière à Maxime Valette, *serial* entrepreneur, pour sa préface.

Je remercie très chaleureusement la Maison de l'APM grâce à laquelle je revisite régulièrement le processus de recrutement. Une mention particulière pour Fleurke Combier qui m'a recruté en qualité d'expert et pour Pierre Croci qui fut le premier animateur à me recevoir dans son club de Pau Charnegou… Merci aux consultants qui me programment régulièrement et à la centaine de clubs qui m'ont accueilli depuis…

Merci à Jean-Frédéric Geolier, alors responsable formation Région qui fut le premier à me permettre de parler recrutement au CJD avec « Trouver, évaluer, former ses collaborateurs… »

Merci à Dominique Pillard, alors chargée de mission à la CCI de Lyon qui m'a encouragé à oser entrer dans ce métier du recrutement en 1988…

Merci à toute l'équipe des Éditions Mardaga pour son accompagnement bienveillant et ses conseils judicieux tout au long de ce travail d'écriture. Avec un remerciement particulier pour Mariana Gonzalez Escallon, Jeanne Labourel, Emilie de Sousa Oliveira et Laura Vanham. Merci aussi à Thibault Léonard pour son implication dans le suivi du projet et ses encouragements.

Merci à vous, cher(e) lecteur(trice) qui m'avez lu jusque-là. Je vous invite à donner votre avis, faire part de votre expérience et/ou poser vos questions sur le blog de l'ouvrage. Vous pourrez également y commander un exemplaire dédicacé à offrir.

TABLE DES MATIÈRES